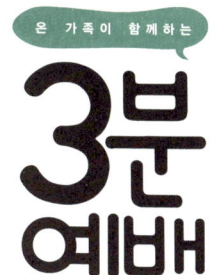

온 가족이 함께하는

3분 예배

교리편

온 가족이 함께하는
3분 예배 교리편

 2019

2019년 2월 28일 1판 1쇄 발행
2024년 8월 27일   5쇄 발행

펴낸이 | 김창영
펴낸곳 | 생명의말씀사

등록 | 1962. 1. 10. No.300-1962-1
주소 | 서울시 종로구 경희궁1길 6 (03176)
전화 | 02)738-6555(본사) · 02)3159-7979(영업)
팩스 | 02)739-3824(본사) · 080-022-8585(영업)

지은이 | 장상태

기획편집 | 서정희, 장주연
디자인 | 박소정, 김혜진
인쇄 | 영진문원
제본 | 다온바인텍

ISBN 978-89-04-16661-9 (03230)

저작권자의 허락 없이 이 책의 일부 또는 전체를
무단 복제, 전재, 발췌하면 저작권법에 의해 처벌을 받습니다.

온 가족이 함께하는

3분 예배

장상태 지음

웨스트민스터
소요리문답으로 드리는
가정예배

교리편

날마다 하나님을 예배하는
기쁨이 가득한
가정이 되기를 소망합니다.

contents

서문 왜 가정에서 교리로 예배해야 할까요? | 12
이 책의 활용법 | 15

◆ 성경이 궁금해요
01 하나님이 왜 사람을 만드셨나요? | 18
02 왜 성경책을 주셨나요? | 20
03 성경은 어떤 내용인가요? | 22

◆ 하나님이 궁금해요
04 하나님은 어떤 분이신가요? | 24
05 다른 신도 있나요? | 26
06 삼위일체가 무슨 말인가요? | 28
07 나쁜 일은 하나님의 계획인가요? | 30
08 세상에 우연은 있을까요? | 32
09 하나님은 어떻게 창조하셨나요? | 34
10 사람은 왜 서로 존중해야 할까요? | 36
11 하나님은 나에게 관심이 있으실까요? | 38
12 하나님은 왜 선악과를 만드셨을까요? | 40

◆ 사람이 궁금해요
13 사람은 왜 타락하게 되었을까요? | 42
14 죄가 무엇인가요? | 44
15 타락이란 무엇인가요? | 46
16 아담이 잘못했는데 왜 우리까지 죄인이 된 것입니까? | 48

웨스트민스터 소요리문답으로 드리는 가정예배

17 타락으로 어떤 변화가 생겼나요? | 50
18 아담의 죄가 사람에게 미친 영향은 무엇인가요? | 52
19 죄는 사람에게 어떤 결과를 가져왔습니까? | 54
20 하나님은 타락한 사람을 그냥 두셨나요? | 56

◆ **예수님이 궁금해요**
21 하나님은 사람을 어떻게 구원하셨습니까? | 58
22 예수님은 어떻게 사람이 되실 수 있었나요? | 60
23 예수님은 우리를 위해 어떤 일을 행하십니까? | 62
24 예수님은 왜 선지자의 일을 하십니까? | 64
25 예수님은 왜 제사장의 일을 하십니까? | 66
26 예수님은 왜 왕의 일을 하십니까? | 68
27 예수님은 우리를 위해 어떻게 낮아지셨나요? | 70
28 예수님은 우리를 위해 어떻게 높아지셨나요? | 72

◆ **구원이 궁금해요**
29 예수님의 사역이 지금 나에게 어떻게 영향을 미치나요? | 74
30 성령님은 어떤 일을 하시나요? | 76
31 믿음이 어떻게 생기나요? | 78
32 성령의 부르심을 받은 사람의 유익은 무엇인가요? | 80
33 하나님이 왜 우리를 의롭다고 하시나요? | 82

34 어떻게 하나님의 자녀가 되나요? | 84
35 하나님의 형상은 어떻게 회복될까요? | 86
36 구원받은 사람이 얻는 영적인 유익들은 무엇인가요? | 88

◆ 종말이 궁금해요
37 우리가 죽을 때 어떤 유익들이 있나요? | 90
38 우리가 부활할 때 어떤 유익들이 있나요? | 92

◆ 교회가 궁금해요
39 하나님은 사람에게 무엇을 원하시나요? | 94
40 하나님은 사람이 어떤 법을 지키기 원하시나요? | 96
41 십계명이 무엇인가요? | 98
42 십계명을 요약하면 어떤 내용인가요? | 100
43 십계명은 어떻게 시작되나요? | 102
44 십계명을 왜 지켜야 하나요? | 104
45 제1계명이 무엇입니까? | 106
46 제1계명이 명하는 것은 무엇입니까? | 108
47 제1계명이 금하는 것은 무엇입니까? | 110
48 제1계명은 무엇을 가르칩니까? | 112

웨스트민스터 소요리문답으로 드리는 가정예배

49 제2계명이 무엇입니까? | 114
50 제2계명이 명하는 것은 무엇입니까? | 116
51 제2계명이 금하는 것은 무엇입니까? | 118
52 제2계명을 왜 지켜야 하나요? | 120
53 제3계명이 무엇입니까? | 122
54 제3계명이 명하는 것은 무엇입니까? | 124
55 제3계명이 금하는 것은 무엇입니까? | 126
56 제3계명을 왜 지켜야 하나요? | 128
57 제4계명이 무엇입니까? | 130
58 제4계명이 명하는 것은 무엇입니까? | 132
59 주일은 왜 토요일이 아니고 일요일인가요? | 134
60 제4계명에서 말하는 '쉼'은 무엇인가요? | 136
61 제4계명이 금하는 것은 무엇입니까? | 138
62 안식일의 주인은 누구인가요? | 140
63 제5계명이 무엇입니까? | 142
64 제5계명이 명하는 것은 무엇입니까? | 144
65 제5계명이 금하는 것은 무엇입니까? | 146
66 제5계명을 왜 지켜야 하나요? | 148
67 제6계명이 무엇입니까? | 150

68	제6계명을 어떻게 잘 지킬 수 있나요?	152
69	제6계명이 금하는 것은 무엇입니까?	154
70	제7계명이 무엇입니까?	156
71	제7계명이 명하는 것은 무엇입니까?	158
72	제7계명이 금하는 것은 무엇입니까?	160
73	제8계명이 무엇입니까?	162
74	제8계명이 명하는 것은 무엇입니까?	164
75	제8계명이 금하는 것은 무엇입니까?	166
76	제9계명이 무엇입니까?	168
77	제9계명이 명하는 것은 무엇입니까?	170
78	제9계명이 금하는 것은 무엇입니까?	172
79	제10계명이 무엇입니까?	174
80	제10계명이 명하는 것은 무엇입니까?	176
81	제10계명이 금하는 것은 무엇입니까?	178
82	십계명을 모두 지킬 수 있나요?	180
83	죄에도 종류가 있나요?	182
84	죄마다 받아야 할 처벌은 무엇인가요?	184
85	하나님의 진노를 피하기 위해 무엇을 해야 하나요?	186
86	'예수 그리스도를 믿다'는 말은 무슨 뜻인가요?	188
87	회개가 무엇입니까?	190

웨스트민스터 소요리문답으로 드리는 가정예배

88 하나님이 교회를 통해 주시는 은혜는 무엇인가요? | 192
89 말씀을 어떻게 읽고 들어야 할까요? | 194
90 말씀을 듣고 무엇을 해야 합니까? | 196
91 세례와 성찬이 주는 은혜를 어떻게 받나요? | 198
92 세례와 성찬을 하는 이유는 무엇인가요? | 200
93 성례는 세례와 성찬만 있나요? | 202
94 세례가 무엇입니까? | 204
95 어떤 사람이 세례를 받나요? | 206
96 성찬이 무엇입니까? | 208
97 성찬의 떡과 잔은 어떻게 받아야 합니까? | 210
98 기도가 무엇입니까? | 212
99 어떤 내용으로 기도해야 합니까? | 214
100 주기도문의 머리말은 무엇입니까? | 216
101 주기도문의 첫 번째 간구는 무엇입니까? | 218
102 주기도문의 두 번째 간구는 무엇입니까? | 220
103 주기도문의 세 번째 간구는 무엇입니까? | 222
104 주기도문의 네 번째 간구는 무엇입니까? | 224
105 주기도문의 다섯 번째 간구는 무엇입니까? | 226
106 주기도문의 여섯 번째 간구는 무엇입니까? | 228
107 주기도문의 맺음말은 무엇입니까? | 230

서문

왜 가정에서 교리로 예배해야 할까요?

**오늘 내가 네게 명하는 이 말씀을 너는 마음에 새기고
네 자녀에게 부지런히 가르치며. 신 6:6-7**

부모가 아이에게 물려줄 수 있는 유산 중에서 가장 중요한 것이 무엇일까요? 아마도 신앙의 유산이 아닐까 싶습니다. 눈에 보이지 않는 신앙의 유산은 이 땅에서만 아니라 내세에도 유익하며, 평생을 살아가는 데 가장 결정적인 역할을 합니다.

이렇게 중요한 신앙의 유산을 어떻게 물려줄 수 있을까요? 성경은 이 일이 매우 소중하기 때문에 교회에서만 아니라 가정에서도 아이에게 말씀을 부지런히 가르치라고 명령합니다.

현재 아이들의 신앙 교육은 대부분 주일학교에서 이루어지고 있습니다. 그런데 교육에 들이는 시간은 일주일 168시간 중에서 1시간에 불과합니다. 아이들의 신앙에 더 중요하고 깊은 영향력을 주는 신앙의 현장은 바로 가정입니다. 아이는 부모의 기도하는 뒷모습을 보면서 기도를 더 효과적으로 배웁니다. 온 가족이 함께 말씀을 읽고 찬송을 부르면서 아이는 삶으로 신앙을 익히게 됩니다.

아이들의 신앙이 자라기 원한다면 이제는 가정에서 부모가 말씀을 가르치고 예배해야 합니다. 이것은 기독교의 오랜 전통입니다. 구약 시대뿐만 아니라 개신교의 시작도 가정에서 신앙 교육과

함께 했습니다. 가정에서 묻고 답하는 방식의 교리문답(Catechism)은 400여 년 개신교의 전통입니다.

'교리' 하면 어렵고 딱딱해 보입니다. 재미있는 성경 이야기가 많은데 왜 가정에서 교리로 예배해야 할까요?

아이들은 성장하면서 "왜?"라는 질문을 하기 시작합니다. 몸이 자라면서 생각의 주머니도 점점 자라나기 때문입니다. 이때 아이들은 그동안 익숙하게 알던 진리에 대해서 "왜?"라는 질문을 던지면서 자신의 지식으로 만듭니다. 일반 학문과 지식뿐만 아니라 성경에 관해서도 그렇습니다.

그런 이유로 기독교는 약 400년 전부터 종교개혁 이후로 교리 교육에 관해서 강조했습니다. 1647년, '웨스트민스터 소요리문답'이라는 형식으로 질문과 답을 통해서 성경의 전체 진리를 한 번에 보고 "왜?"라는 문제에 대해서 답을 가질 수 있도록 했습니다.

이 책은 초등학교 고학년부터 청년 자녀를 둔 가정에서 가족이 함께 모여 예배할 수 있도록 만들어졌습니다. 내용은 성경 전체를 조망하고 정리하는 교리로 구성되어 있습니다. 성경 각 책이 나무라면, 교리는 숲입니다. 교리는 성경 전체를 정리해서 설명합니다. 이 책은 '웨스트민스터 소요리문답'을 중심으로 구성되어 있으며, 가정예배 외에도 주일학교 설교나 분반공부용으로 활용할 수 있습니다. 이 책으로 한국 교회가 가정예배를 통해 더욱 건강하게 세워지기를 바라고 기도합니다.

마지막으로, 이 책이 나오기까지 보이지 않는 곳에서 약한 몸에도 불구하고 가정을 섬긴 사랑하는 아내 장은정과 하루도 빠짐없이 저녁마다 아빠의 기도를 받으러 오는 사랑하는 아들 장하준에게 고맙다는 말을 전하고 싶습니다.

장상태 목사

이 책에 사용된 소요리문답 번역문은 독립개신교회 교육위원회의 번역문을 사용했으며, 일부 단어는 이해를 돕기 위해 쉬운 단어로 교체했음을 밝힙니다.

이 책의 활용법

소요리문답이란 무엇일까요?

『온 가족이 함께하는 3분 예배 – 교리편』은 소요리문답의 순서와 내용을 따르고 있습니다. 소요리문답은 성경 전체 내용을 요약해서 핵심적인 내용을 소개하는 교리입니다. 정확한 명칭은 '웨스트민스터 소요리문답'입니다. 웨스트민스터 신앙고백서는 1647년에 작성된 개혁주의 표준 교리입니다. 이 고백서를 아이들이 배울 수 있도록 질문과 답의 형식으로 구성한 내용이 '웨스트민스터 소요리문답'입니다. 소요리문답은 개신교 400여 년의 역사에서 아이들의 신앙 교육의 표준으로 이어져 왔습니다.

소요리문답은 기독교가 무엇을 믿고 따르는지에 대해 체계적으로 잘 설명되어 있습니다. 모두 107문으로 구성되어 있는데, "성경", "하나님", "예수님", "구원", "인간", "교회", "종말" 등 7가지 주제를 다루고 있습니다.

이렇게 구성되어 있어요

이 책은 초등학교 고학년부터 청년 자녀가 있는 가정에서 사용할 수 있으며, '제목', '성경 구절', '설명', '문답', '기도' 순으로 구성되어 있습니다.

'설명'은 세 부분으로 나뉘어 있습니다. 문답에 대한 이해를 돕는 도입 글, 문답에 대한 해설, 문답에 대한 적용입니다. '설명' 이후에 나오는 '문답'은 전체 내용에 대한 요약입니다. '기도'는 예배 인도자가 가족 구성원에게 기도 제목을 묻고 적은 후에 가족을 위한 기도를 드리면서 함께 기도하면 됩니다. '기도'가 끝나면 주기도문으로 가정예배를 마무리합니다.

가정예배 참여도를 높이는 4가지 방법

가정예배는 매우 유익한 시간입니다. 그런데 자녀들이 잘 참여하려고 하지 않습니다. 자녀를 가정예배로 이끌기 위해서는 어떻게 해야 할까요? 가정예배 참여도를 높이기 위한 4가지 방법을 제안하면 다음과 같습니다.

첫째, 미리 시간 약속을 합니다.

아이들이라 할지라도 갑자기 가정예배를 드리자고 하면 반응이 시큰둥할 수 있습니다. 왜냐하면 마음의 준비가 되어 있지 않기 때문입니다. 따라서 최소한 일주일 전에 가정예배를 드리는 날짜와 시간을 정해서 공지해 두어야 합니다. 그리고 날짜가 다가오기 전에 2-3회 정도 미리 이야기하는 것이 좋습니다.

둘째, 장소를 준비해 둡니다.

가정예배를 거실 탁자에 둘러앉아 드릴지, 주방 식탁 의자에 앉아 드릴지 미리 생각해 두고, 시간이 되면 의자나 방석을 놓아 둡니다. 아이들은 자신을 위해 미리 준비된 장소를 보면 좋아합니다.

셋째, 하루나 이틀 전에 설명해 줍니다.

가정예배를 왜 드리는지에 대해서 미리 설명해 주는 것이 좋습니다. '우리 가정의 행복을 위해서', '우리 가정이 하나님의 은혜로 살기 위해서', '하나님께 기도하는 가정이 되기 위해서', '하나님 안에서 건강한 가정이 되기 위해서' 등 나름대로 생각해 둔 신앙적인 이유를 미리 짧게 이야기해 줍니다.

넷째, 아이들이 좋아하는 다과를 준비합니다.

아이들이 평소에 좋아하는 다과를 준비해 놓고 가정예배를 드린 후에 먹는 것이 좋습니다. 더 좋은 방법은 토요일이나 주일 저녁에 한자리에 모여서 식사를 함께 하고 난 이후에 이어서 가정예배를 드리는 것입니다.

무엇이든 처음이 어렵습니다. 하지만 잠깐의 시간을 따로 떼어, 온 가족이 하늘의 힘을 공급받는 습관을 가지십시오. 부모와 자녀가 한자리에 앉아 성경 말씀을 읽고, 교리를 배우고, 질문하고 답하고, 함께 기도하십시오. 매일 3분, 하나님을 예배할 때 풍성한 하나님의 은혜를 경험하게 될 것입니다.

하나님이 왜 사람을 만드셨나요?

이 백성은 내가 나를 위하여 지었나니 나를 찬송하게 하려 함이니라. 사 43:21

스마트폰을 왜 만들었을까요? 다른 사람들과 연락하고, 필요한 정보를 손쉽게 찾기 위해서입니다. 자동차는 왜 만들었을까요? 먼 거리를 안전하고 빠르게 이동하기 위해서입니다. 배는 왜 만들었을까요? 물고기를 잡거나 육지에서 육지로 건너가기 위해서입니다. 이처럼 세상 모든 것에는 만든 목적이 있습니다.

그러면 하나님은 사람을 왜 만드셨을까요? 성경은 '하나님의 영광을 위해서', 즉 '하나님을 영화롭게 하기 위해서'라고 말합니다. "이 백성은 내가 나를 위하여 지었나니 나를 찬송하게 하려 함이니라"(사 43:21). 이 말은 하나님이 무엇이 부족해서 사람의 환호와 존경이 필요하시다는 의미가 아닙니다. 사람을 종이나 노예처럼 부려서 억지로 찬송을 받아 내신다는 뜻도 아닙니다. 이미 하나님은 영화로우신 분이고, 이미 영광을 받고 계시기 때문입니다.

하나님이 사람을 만드신 목적은 하나님의 선하심과 정의로우심과 아름다우심을 드러내시기 위해서입니다. 하나님은 우리를 하나님의 형상으로 만드셨습니다. 따라서 우리가 하나님의 영광을 비추는 거울이 되기를 원하십니다. 우리가 하나님처럼 선하고, 정의롭고, 아름다운 모습을 드러낼 때 우리의 삶은 하나님을 영화롭게 하는 인생이 될 수 있습니다. 사람은 이러한 목적을 위해 지으심을 받았습니다. 하나님을 영화롭게 하는 인생은 하나님이 기뻐하시는 삶을 사는 것입니다.

우리가 사는 목적은 나 자신을 위해서가 아닙니다. 나의 성공만을 위해서 사는 것이 아닙니다. 우리가 세상에서 목표로 삼는 모든 것은 지나가거나 사라집니다. 오직 하나님이 우리를 지으신 목적대로 사는 것만이 참 행복의 길입니다. 우리는 하나님께만 영광을 돌리고 하나님만 즐거워하는 인생이 되어야 합니다.

소요리문답 1문

문 하나님이 사람을 만드신 가장 중요한 목적은 무엇인가요?
답 하나님을 영화롭게 하고 그분을 영원토록 즐거워하기 위해서입니다.

기도
하나님 아버지, 우리를 하나님의 형상으로 만들어 주셔서 감사합니다. 우리가 하나님의 영광을 드러내는 존재가 될 수 있도록 도와주세요.

왜 성경책을 주셨나요?

또 어려서부터 성경을 알았나니 성경은 능히 너로 하여금 그리스도 예수 안에 있는 믿음으로 말미암아 구원에 이르는 지혜가 있게 하느니라 모든 성경은 하나님의 감동으로 된 것으로 교훈과 책망과 바르게 함과 의로 교육하기에 유익하니 이는 하나님의 사람으로 온전하게 하며 모든 선한 일을 행할 능력을 갖추게 하려 함이라. **딤후 3:15-17**

요리책은 어떤 내용일까요? 요리하는 방법이 담겨 있습니다. 여행책은 어떤 내용일까요? 여행할 지역에 대한 소개와 재미있게 여행하는 방법이 나와 있습니다. 그러면 성경은 어떤 내용일까요? 성경에는 하나님이 사람을 만드신 목적인 하나님을 영화롭게 하는 방법과 규칙이 담겨 있습니다.

그런데 왜 꼭 성경을 읽어야만 하나님을 영화롭게 하는 방법과 규칙을 알 수 있을까요? 우리가 열심히 기도해서 스스로 알 수도 있지 않을까요? 그럴 수 없습니다. 사람은 자신의 지식으로 하나님을 알 수 없고, 하나님께 영광을 돌리고 하나님을 영화롭게 하는 방법을 알지 못합니다. 왜냐하면 사람의 이성과 감성과 의지는 죄로 인해 타락해 항상 오류의 가능성을 가지고 있기 때문입니다. 사람은 스스로 하나님을 알고 섬기고자 하지만, 스스로 발견하고 만든 신은 허상에 불과합니다.

사람은 스스로 하나님을 알 수 없습니다. 하나님이 직접 알려 주셔야만 하나님을 알 수 있습니다. 하나님이 직접 알려 주시는 것을 '계시'라고 말합니다. 하나님은 성경을 통해서 스스로를 드러내셨습니다. 사람을 통해서 성경을 기록해 주셨습니다. 성경은 40명의 저자들이 약 1,500년 동안 기록했으나, 성령 하나님의 영감으로 쓰였기 때문에 정확하고 오류가 없습니다.

성경은 하나님의 감동으로 기록된 책입니다. 하나님은 우리를 위해서 성경을 주셨습니다. 성경이 없었다면 우리는 하나님을 알기 어려웠을 것입니다. 성경을 허락해 주신 하나님께 감사하고, 우리 가정과 내 인생에서 하나님의 말씀이 가장 중요한 가치가 되게 해달라고 기도합시다.

소요리문답 2문

문 하나님은 사람이 하나님을 영화롭게 하고 즐거워하기 위해서 어떤 방법을 알려 주셨나요?
답 구약성경과 신약성경에 기록된 하나님의 말씀이 하나님을 영화롭게 하고 즐거워하는 방법을 가르쳐 주는 유일한 법칙입니다.

기도

하나님 아버지, 우리는 하나님을 스스로 알 수 없습니다. 우리를 위해서 하나님의 감동으로 기록된 말씀을 주셔서 정말 감사합니다. 말씀을 사모하고 가까이할 수 있도록 도와주세요.

성경은 어떤 내용인가요?

이스라엘아 네 하나님 여호와께서 네게 요구하시는 것이 무엇이냐 곧 네 하나님 여호와를 경외하여 그의 모든 도를 행하고 그를 사랑하며 마음을 다하고 뜻을 다하여 네 하나님 여호와를 섬기고 내가 오늘 네 행복을 위하여 네게 명하는 여호와의 명령과 규례를 지킬 것이 아니냐. 신 10:12-13

성경책은 무척 두껍습니다. 성경에 기록된 내용을 모두 읽으면 인체의 신비를 알 수 있을까요? 아니면 지구의 나이나 물리학 이론을 알게 될까요?

성경은 물리학이나 의학, 지구과학과 관련된 내용을 중요하게 가르치고 있지 않습니다. 성경이 가르치는 중요한 내용은 크게 두 가지입니다. 첫째는 '하나님은 어떤 분이신가?'이고, 둘째는 '하나님은 우리에게 무엇을 요구하시는가?'입니다.

하나님에 대한 지식은 우리가 올바른 믿음을 가질 수 있도록 도와줍니다. 하나님을 잘못 알게 되면 구원을 얻을 수 없고, 온전한 사람으로 성장할 수도 없습니다. 하나님이 성경을 통해서 알려 주시는 대로 하나님을 알고 믿을 때 구원을 얻을 수 있고 영적인 성장이 일어납니다.

하나님의 말씀이 아닌 개인적인 체험으로 하나님을 아는 것은 오류가 있을 수 있습니다. 사람의 이성과 감성과 의지는 죄의 영향력 아래 있기 때문입니다. 우리는 성경이 알려 주는 하나님을 믿을 때 구원을 얻을 수 있습니다. 또한 하나님이 성경을 통해 우리에게 요구하시는 대로 살아갈 때 바르고 행복한 인생길을 걸어갈 수 있습니다.

3

  우리는 성경을 통해서 하나님이 어떤 분이신지를 바르게 알 수 있고, 하나님이 우리에게 무엇을 요구하시는지, 그 말씀대로 어떻게 살아야 할지를 알게 됩니다. 결국 무엇을 알고 어떻게 살아야 하는지를 알기 위해서 성경을 읽고 배우기를 힘써야 하는 것입니다. 성경을 어떤 지식보다 가장 우선되는 지식으로 생각해 성경을 통해 하나님을 알아 갑시다.

소 요 리 문 답 3 문

문 성경은 무엇을 중요하게 가르칩니까?
답 성경은 사람이 하나님에 관하여 무엇을 믿어야 할지와 하나님이 사람에게 무엇을 요구하시는지를 가르칩니다.

기도
하나님 아버지, 성경을 통해 하나님에 관하여 무엇을 믿어야 할지와 어떻게 살아야 할지를 우리에게 말씀해 주셔서 감사합니다. 우리가 하나님의 말씀을 잘 배우고 순종할 수 있도록 도와주세요.

하나님은 어떤 분이신가요?

하나님은 영이시니 예배하는 자가 영과 진리로 예배할지니라. 요 4:24

하나님은 어떤 분이실까요? 하얀 수염을 기르신, 하늘 어딘가에 계신 분일까요? 우리가 잘못하면 항상 혼을 내시는 무서운 분이실까요? 우리를 지켜보시기만 할 뿐 방치하시는 분일까요?

성경은 하나님을 크게 3가지로 소개합니다. 첫째, 하나님은 보이지 않는 영이십니다. 영적인 존재요, 이 세상에서 유일하고 절대적인 신이십니다. 둘째, 하나님은 무한하시고, 영원하시고, 변함이 없으십니다. 셋째, 하나님은 사람을 사랑하셔서 지혜와 능력과 거룩과 공의와 선하심과 진실하심을 베푸시는 은혜로운 분이십니다.

그런데 이렇게 좋으신 하나님이 왜 우리 눈에 보이지 않을까요? 만약 눈에 보인다면 하나님은 공간과 시간의 제약을 받으시게 됩니다. 특정한 곳에만 계셔야 합니다. 하나님이 모든 사람에게와 모든 곳에 계시고 모든 것을 다스리시기 위해서는 영으로 존재하셔야 합니다. 하나님은 우리가 어디를 가든지, 무엇을 하든지 우리와 늘 함께하십니다. 마치 태아가 어머니를 볼 수는 없지만 어머니와 항상 함께하는 것과 같습니다. 아기는 언제 어디서나 어머니의 보호와 사랑 가운데 있습니다.

하나님의 지혜와 능력과 거룩과 공의와 선하심과 진실하심은

4

사람과 달리 변하지 않습니다. 영원합니다. 좋으신 하나님을 찬양하고 높여 드립시다.

소요리문답 4문

문 하나님은 어떤 분이십니까?
답 하나님은 영이신데, 그분의 존재와 지혜와 능력과 거룩과 공의와 선하심과 진실하심은 무한하며, 영원하고, 변함이 없습니다.

기도

하나님 아버지, 영으로 우리와 함께하심을 감사드립니다. 우리가 어디에 있든지, 무엇을 하든지 동행해 주셔서 감사합니다. 우리가 어떤 어려운 문제를 만나더라도 하나님이 지혜와 능력과 거룩과 공의와 선하심과 진실하심으로 우리를 도와주시고 다스려 가실 것을 믿고 찬양합니다.

다른 신도 있나요?

이스라엘아 들으라 우리 하나님 여호와는 오직 유일한 여호와이시니. 신 6:4

세상에는 많은 종교가 있습니다. 종교의 숫자만큼 많은 신이 있습니다. 수많은 신 중에서 누가 진짜 신일까요? 서로 논쟁해서 다수결로 진짜 신을 결정할 수 있을까요? 만약 그렇다면 새로운 이론과 논리가 나올 때마다 진짜 신이 바뀔 것입니다.

사람이 아무리 똑똑해도 사람의 힘으로는 진짜 신을 가려낼 수 없습니다. 왜냐하면 모든 사람의 판단과 생각과 믿음이 다르기 때문입니다. 사람이 스스로 알아내어 진짜라고 말하는 신은 상대적인 사실에 불과합니다. 사람의 진리는 상대적일 뿐입니다. 사람은 신을 발견할 수 없습니다.

진짜 신을 알려면 어떻게 해야 할까요? 진짜 신이 자신을 드러내 보이고 알려 주셔야 사람이 알 수 있습니다. 우리가 믿는 하나님은 스스로 진짜 신이라는 사실을 드러내 보여 주셨습니다. 이것을 '계시'라고 합니다.

하나님은 성경을 통해서 자신을 계시하셨습니다. 성경은 하나님의 감동으로 기록된 하나님의 말씀입니다. 성경은 하나님을 '스스로 있는 자'라고 말합니다. 하나님은 모든 존재가 있기 전에 계셨습니다. 하나님의 존재가 시작된 시점이 없습니다. 하나님은 영원 전부터 계신 분입니다. 살아 있는 참된 신은 오직 하나님 한 분

5

밖에 없습니다.

하나님이 참된 신이시며, 오직 한 분이시며, 절대적이시라는 사실을 아는 것이 복입니다. 우리 스스로 알아낸 것이 아닙니다. 하나님이 우리에게 진리를 아는 빛을 비추어 주셨기 때문에 하나님이 참된 신이시라는 사실을 알게 되었습니다. 이것은 놀라운 은혜입니다. 하나님을 유일한 신으로 알고 고백할 수 있게 된 것을 감사합시다.

소요리문답 5문

문 하나님 한 분 외에 다른 신들이 있습니까?
답 오직 한 분뿐이시며 살아 계시고 참되신 하나님만 계십니다.

기도

하나님 아버지, 하나님이 유일한 참된 신이시라는 사실을 알게 하심을 감사드립니다. 헛된 우상을 섬기지 않고, 살아 계신 참된 신을 믿는 믿음을 주셔서 감사합니다. 하나님만 섬기고 예배하는 가정이 되게 도와주세요.

삼위일체가 무슨 말인가요?

예수께서 세례를 받으시고 곧 물에서 올라오실새 하늘이 열리고 하나님의 성령이 비둘기같이 내려 자기 위에 임하심을 보시더니 하늘로부터 소리가 있어 말씀하시되 이는 내 사랑하는 아들이요 내 기뻐하는 자라 하시니라. 마 3:16-17

하나님은 한 분이실까요, 세 분이실까요? '성부', '성자', '성령' 하나님이시니까 세 분이 아니실까요?

성경은 하나님을 세 분으로 표현합니다. 성자 예수님이 세례를 받으실 때 성령 하나님이 비둘기같이 임하셨고, 하늘에서 성부 하나님의 음성이 있었습니다.

하나님을 세 분으로 표현하는 이유는 서로 구별되시어 역할이 다르기 때문입니다. 성부 하나님은 작정, 즉 계획을 세우는 사역을 하시고, 성자 하나님은 성부 하나님이 세우신 작정을 실행하는 역할을 하십니다. 성령 하나님은 성부 하나님이 작정하고 계획하신 일을 각 신자들에게 적용하는 사역을 하십니다.

그러나 꼭 기억해야 하는 사실은, 하나님은 분리되고 나누어진 세 분이 아니시라는 것입니다. 한 분 하나님이십니다. 하나님은 오직 한 분 하나님이시면서, 동시에 서로 구별되는 삼위, 즉 세 인격으로 존재하십니다. 이것을 '삼위일체 하나님'이라고 합니다. 이성적으로 이해하기는 어렵지만, 기독교는 삼위일체 하나님을 믿습니다. 즉 "한 분 하나님은 삼위이시다"가 하나님에 대한 바른 표현입니다.

삼위로 계신 하나님은 서로 사랑하십니다. 세 위격의 하나님은 하나로서, 갈등이 있거나 싸우시지 않습니다. 정말 아름다운 하나이십니다.

  사람은 서로 다르면 갈등합니다. 우리가 다르지만 하나로서 서로 사랑해야 하는 이유는 하나이신 삼위 하나님의 존재에서 찾을 수 있습니다. 우리가 다르지만 하나님을 믿고 그분 안에 거하면 모든 갈등은 극복되고 아름답게 조화를 이룰 수 있습니다.

소 요 리 문 답 6 문

문 하나님의 신격에는 몇 위가 계십니까?
답 하나님의 신격에는 성부, 성자, 성령, 삼위가 계십니다. 삼위는 한 하나님이시며, 본질이 동일하시고, 권능과 영광이 동등하십니다.

기도

하나님 아버지, 하나님은 한 분 하나님이시며 삼위로 계신 하나님이심을 고백합니다. 우리를 위해서 성부 하나님이 구원을 계획하시고, 성자 하나님이 구원을 실행하시고, 성령 하나님이 구원을 적용해 주심에 감사합니다. 삼위 하나님이 하나이시듯이, 우리의 서로 다른 모습 가운데 하나 됨과 아름다운 연합이 있게 도와주세요.

나쁜 일은 하나님의 계획인가요?

만군의 여호와께서 맹세하여 이르시되 내가 생각한 것이 반드시 되며
내가 경영한 것을 반드시 이루리라. 사 14:24

집을 지을 때는 가장 먼저 설계도를 그립니다. 설계도에 기둥의 굵기, 바닥의 두께, 자재의 종류 등을 모두 기록합니다. 설계도를 잘 계획하고 나서 설계도면대로 만든 집은 편안하고 안전합니다. 지진이 나도 무너지지 않고, 홍수에도 떠내려가지 않습니다. 반면 설계가 나쁜 집은 벽에 금이 가고 여기저기서 물이 샙니다. 지진이 나면 무너지고 맙니다.

집을 지을 때 좋은 설계가 필요한 것처럼, 이 세상을 만들 때도 좋은 설계가 필요했습니다. 하나님은 이 세상을 지으실 때 설계하셨습니다. 이 설계에는 시간과 공간도 포함되었습니다. 하나님은 이 세상에 보이는 것들과 보이지 않는 것들도 미리 계획하고 만드셨고, 하나님이 정하신 뜻대로 모든 것을 운행해 가십니다.

하나님의 설계는 완전합니다. 그래서 우리에게 일어나는 모든 일은 하나님의 계획 안에 있습니다. 하나님의 지혜는 우리보다 뛰어납니다. 따라서 나쁜 일이라 할지라도 하나님이 하나님의 영광을 위해서 하나님의 계획 속에서 다스려 가십니다.

지금 이해되지 않는 일을 만나더라도, 우연한 일로 고통을 당하더라도 그 모든 일을 우리에게 허락하고 다스려 가시는 분은 하나님이십니다. 하나님은 무한한 지혜와 선과 공의로 다스리시기 때

문에 우리는 그분을 신뢰할 수 있습니다. 언제 어디서든 하나님은 우리와 함께하시고, 모든 것을 협력하여 하나님의 영광을 드러내는 데 사용하십니다.

하나님은 모든 일을 하나님의 섭리 안에서 이끌어 가십니다. 우리는 하나님의 섭리를 믿을 때 우연한 일로 힘들더라도 소망을 가질 수 있습니다. 하나님의 섭리가 우리의 인생 가운데 있음을 확신하며 고백합시다.

소요리문답 7문

문 하나님의 작정은 무엇입니까?
답 하나님의 작정은 하나님의 영원한 계획과 목적인데, 하나님의 작정에 따라 하나님은 일어날 모든 일을 자기의 영광을 위하여 미리 정하셨습니다.

기도

하나님 아버지, 모든 일을 계획하시고 하나님의 선하고 공의로운 뜻대로 인도해 가셔서 감사드립니다. 우리에게 일어나는 모든 우연한 사건까지도 하나님의 뜻과 계획 안에 있음을 믿습니다.

세상에 우연은 있을까요?

우리가 알거니와 하나님을 사랑하는 자 곧 그의 뜻대로 부르심을 입은 자들에게는 모든 것이 합력하여 선을 이루느니라. 롬 8:28

길을 가다가 우연히 친구를 만날 때가 있습니다. 운전하다가 의도하지 않게 접촉 사고가 날 수도 있습니다. 어느 날 배가 아파서 병원에 갔는데 큰 병을 진단받을 때도 있습니다. 우리가 살아가는 삶은 우연이라는 사건과 연결되어 있습니다. 때로는 기쁜 일과 슬픈 일이 예상하지 않은 순간에 일어납니다.

그러면 모든 우연한 일은 하나님과 아무런 관련이 없이 일어날까요? 하나님도 어떻게 하실 수 없는 일들일까요? 그렇지 않습니다. 하나님은 시간과 공간을 만드신 분입니다. 따라서 시공간에서 일어나는 모든 일은 하나님의 뜻과 계획 안에 있습니다. 그리고 하나님의 의지 안에서 움직여 갑니다.

하나님은 '창조'로 이 세상을 만드셨고, '섭리'로 이 세상을 운행해 가십니다. 창조와 섭리는 하나님이 하나님의 영광을 위해서 영원 전부터 계획하신 것입니다. 하나님은 시간까지도 만드셨기 때문에 하나님의 계획은 시작한 시점이 없습니다. 그래서 '영원 전'이라고 말하는 것입니다. 이렇게 하나님이 모든 것을 계획하시고 선한 뜻대로 이끌어 가시기 때문에 우리에게 우연이란 없습니다.

그렇다고 하나님이 우리를 로봇으로 만드셔서 우리의 의지와 상관없이 조종해 가신다는 뜻은 아닙니다. 하나님은 우리의 자유

의지와 선택을 모두 사용해 하나님의 계획을 이루어 가십니다.

우리는 어렵고 힘든 일이 있더라도 절망하지 않아야 합니다. 하나님은 특별히 선택하신 자녀들에게 일어나는 모든 일에 대해서 알고 계시고, 하나님의 영광을 위해서 다스려 가십니다. 이 사실을 믿을 때 우리에게 위로와 힘이 될 수 있습니다. 하나님의 작정을 믿고 신뢰합시다.

소요리문답 8문

문 하나님은 자신의 작정을 어떻게 이루십니까?
답 하나님은 창조와 섭리를 통해 자신의 작정을 이루십니다.

기도

하나님 아버지, 모든 자연 만물을 섭리해 가셔서 감사합니다. 세상과 우리에게 일어나는 모든 일을 보존하시고, 통치하시고, 협력하셔서 하나님의 계획과 뜻을 이루실 것을 믿습니다. 온전히 하나님만 신뢰하는 우리 가정이 될 수 있게 도와주세요.

하나님은 어떻게 창조하셨나요?

태초에 하나님이 천지를 창조하시니라. 창 1:1

빵을 만들려면 재료가 있어야 합니다. 밀가루와 이스트, 물, 계란 등이 필요합니다. 김치를 만들려면 배추와 고춧가루, 소금 등이 필요합니다. 모든 것은 재료가 있어야 만들 수 있습니다.

하나님은 이 세상을 만드실 때 무엇이 필요하셨을까요? 우주 탄생을 말하는 과학자들처럼 물질과 재료가 있어야 했을까요? 그렇지 않습니다. 하나님은 이 세상을 만드실 때 재료가 필요하시지 않았습니다. 오직 하나님의 말씀으로 이 세상의 모든 것을 만드셨습니다. 하나님은 눈에 보이는 세상뿐만 아니라, 보이지 않는 모든 것도 만드셨습니다.

이렇게 만드신 세상은 정말 아름답고 좋았습니다. 우리는 이 세상을 '하나님의 작품'이라고 말합니다. 그중에서 가장 뛰어난 작품이 바로 사람입니다. 성경은 이렇게 말합니다. "하나님이 지으신 그 모든 것을 보시니 보시기에 심히 좋았더라"(창 1:31). 하나님은 사람을 만드신 후에 '심히' 좋아하셨습니다. 우리는 하나님 앞에서 소중한 존재입니다.

스스로 자신의 가치를 낮추어 생각하는 것은 하나님이 보시기에 좋지 않습니다. 우리는 자신의 외모나 성품을 비하하지 말아야 합니다. 어떤 사람도 매우 아름답고 가치가 있습니다. 우리는 자

9

신의 가치와 다른 사람의 가치를 서로 비교하지 말고 하나님의 눈으로 보아야 합니다. 하나님은 오늘도 우리 한 사람, 한 사람을 향해 말씀하십니다. "보기에 심히 좋구나."

소요리문답 9문

문 창조는 무엇입니까?
답 창조는 하나님이 6일 동안에 단지 말씀만으로 아무것도 없는 데서 만물을 지으신 것인데, 모든 것을 매우 좋게 만드신 것입니다.

기도

하나님 아버지, 우주 만물을 말씀으로 아름답게 만드시고 우리에게 허락해 주심을 감사드립니다. 이 모든 자연을 보며 하나님을 찬양하게 해주세요. 특히 우리를 만드신 하나님을 생각하며 하나님 앞에서 우리의 존재를 항상 감사할 수 있도록 도와주세요.

사람은 왜 서로 존중해야 할까요?

하나님이 자기 형상 곧 하나님의 형상대로 사람을 창조하시되
남자와 여자를 창조하시고. 창 1:27

　사람은 서로 존중해야 합니다. 상대방을 무시하거나, 험담하거나, 때리면 안 됩니다. 다른 사람에게 피해를 끼치면 벌을 받습니다. 왜 사람은 서로 존중해야 하고 피해를 주면 안 될까요? 사람은 매우 소중하고 존귀한 존재이기 때문입니다.

　그러면 누가 사람에게 이처럼 소중한 가치를 부여했을까요? 하나님이십니다. 하나님은 사람과 세상을 만들고 심히 좋아하셨습니다. 그리고 사람에게 모든 피조물 중에서 으뜸이 되는 위치를 주셨습니다. 아담이 모든 동물의 이름을 지은 이유는 그가 만물을 다스리는 권한을 위임받았기 때문입니다.

　하나님은 사람을 모든 피조물 중에서 가장 뛰어난 존재로 만드셨습니다. 뿐만 아니라 하나님의 형상을 따라 하나님을 닮게 지으셨습니다. '하나님을 닮았다'는 말은 '하나님처럼 전능할 수 있다'는 뜻이 아니라, '하나님의 거룩하심과 선하심과 의로우심을 닮았다'는 의미입니다.

　사람은 하나님을 닮은 모습이기에 존귀하고 소중합니다. 그래서 우리는 어린아이라도 함부로 대하지 말아야 합니다. 외국인이라고 무시해서도 안 됩니다. 특히 가정에서는 서로 더욱 존중하고 소중히 여기는 마음을 가져야 합니다.

10

사람은 인권이 있고 존엄합니다. 모든 사람이 소중합니다. 혹시 피부색이 다르고, 나라가 다르고, 생각이 다르다고 해서 차별하거나 무시한 경험이 있다면 회개해야 합니다. 모든 사람을 하나님의 형상으로 볼 수 있도록 도와 달라고 기도합시다.

소요리문답 10문

문 하나님은 사람을 어떻게 창조하셨습니까?
답 하나님은 사람을 남자와 여자로 창조하시되, 하나님의 형상을 따라 지식과 의와 거룩함이 있게 하셨고, 다른 모든 피조물을 다스리게 하셨습니다.

기도
하나님 아버지, 우리가 서로를 존중하고 소중히 여겨야 하는 이유는 우리가 하나님의 형상이기 때문입니다. 우리 가족이 서로 존중하고 소중히 여길 수 있게 도와주세요. 힘들고 어려울 때 함께 기도하며 하나님 안에서 평안과 기쁨을 누릴 수 있게 해주세요.

하나님은 나에게 관심이 있으실까요?

**여호와께서 그의 보좌를 하늘에 세우시고
그의 왕권으로 만유를 다스리시도다.** 시 103:19

하나님은 만물을 창조하시고 나서 멀리 떠나가신 분인가요? 혹은 무심하게 그냥 내버려 두신 분인가요? 하나님은 나의 인생에 별로 관심이 없으신 분인가요?

그렇지 않습니다. 하나님은 자신이 만든 피조 세계에 적극적으로 관여하시고, 만물과 깊은 관계를 맺기 원하십니다. 이것을 '섭리'라고 합니다. 하나님은 세상과 우리를 향한 섭리를 크게 3가지로 이루십니다. '보존'과 '통치'와 '협력'입니다.

첫째로, 하나님은 자연 법칙을 통해서 이 세상을 붙잡고 계십니다(보존). 이 세상이 멸망하지 않고 질서 있게 유지되는 이유는 하나님이 보존의 은혜를 베풀어 주시기 때문입니다. 둘째로, 하나님은 주권적인 능력으로 온 세상 만물을 지금도 통치하고 계십니다(통치). 하나님이 만물의 주인이요, 왕이십니다. 왕이신 하나님이 이 세상을 붙드시고, 능력으로 통제해 나가십니다. 셋째로, 하나님은 독재자가 아니라, 사람의 자유의지를 모두 사용해 일하십니다(협력).

하나님은 보존과 통치와 협력을 통해서 이 세상과 우리에게 일어나는 모든 일을 이끌어 가십니다. 이처럼 하나님이 섭리로 이끌어 가시기에 우리는 하나님 안에 있을 때 평안할 수 있고, 참된 위로를 얻을 수 있습니다.

혹시 미래를 생각하면서 불안하고 두렵다면 하나님이 우리의 인생을 섭리하고 계신다는 사실에 감사합시다. 하나님은 우리를 악에서 보존하시고, 모든 일에 대해 협력하여 선을 이루실 뿐만 아니라, 우연한 모든 일을 통치하고 인도하십니다.

소요리문답 11문

문 하나님이 섭리하시는 일이 무엇입니까?
답 하나님이 섭리하시는 일은 모든 피조물과 그 모든 활동을 가장 거룩하고, 지혜롭고, 능력 있게 보존하며 통치하시는 것입니다.

기도

하나님 아버지, 우리의 모든 것을 섭리해 주셔서 감사합니다. 어떤 환경에서도 하나님의 자녀를 보존하시고, 어려운 일까지도 협력하여 선을 이루시며, 이 모든 것을 하나님의 영광을 위해 통치하심을 감사합니다.

하나님은 왜 선악과를 만드셨을까요?

여호와 하나님이 그 사람에게 명하여 이르시되 동산 각종 나무의 열매는 네가 임의로 먹되 선악을 알게 하는 나무의 열매는 먹지 말라 네가 먹는 날에는 반드시 죽으리라 하시니라. 창 2:16-17

    우리는 종종 다른 사람과 약속을 합니다. 약속은 서로의 인격을 존중하고 신뢰하는 것을 바탕으로 이루어집니다. 약속을 하면 책임과 의무가 주어집니다. 그래서 약속은 서로 동등한 입장에서 맺어지며, 공식적인 약속을 '언약'이라고 합니다.

    하나님은 사람을 지으시고 그를 인격적으로 존중하셨습니다. 그 증거가 사람과 맺으신 언약입니다. 하나님은 사람을 로봇으로 만들어서 요구만 하실 수 있었습니다. 그러나 동등한 인격을 가진 존재로 인정하셔서 사람과 한 가지 언약을 맺으셨습니다. "선악과를 먹지 말라"는 언약이었습니다.

    이것은 다른 피조물과 구별되는 매우 특별한 존중이었습니다. 사람을 언약의 파트너로 인정하시고, 사람의 선택에 따라서 생명의 길과 사망의 길을 갈 수 있도록 허락하신 것이기 때문입니다. 비록 사람의 불순종으로 사망의 길을 갈 수 있는 위험이 있었지만, 하나님은 사람을 존중하셨고 그에게 맡기셨습니다. 이것은 하나님이 사람을 하나님의 형상으로 지으셨기 때문에 주신 자유였습니다.

    지금도 하나님은 우리가 자원하는 마음으로 말씀을 순종하고 하나님을 기뻐하는 삶을 살기 원하십니다. 하나님이 주신 자유로

12

나를 위한 삶을 살기보다 하나님을 의지하고 생각하는 삶을 살기로 다짐해 봅시다. 이제 우리의 의지는 예수님 안에서, 죄를 지을 수밖에 없던 의지에서 선을 행할 수 있는 의지로 변했습니다. 기도와 말씀을 가까이하는 일에 더욱 힘을 씁시다.

소요리문답 12문

문 사람이 창조되었을 때 하나님이 그에게 행하신 특별한 섭리는 무엇입니까?
답 하나님은 사람을 창조하신 후에 완전한 순종을 조건으로 생명의 언약을 맺으시고, 선악을 알게 하는 나무의 열매를 먹는 것을 사망의 벌로 금하셨습니다.

기도
하나님 아버지, 우리를 자유로운 존재로 지으시고 존중해 주심을 감사드립니다. 하나님이 주신 자유로 육신의 법을 따르는 것이 아니라, 하나님의 법을 따르며 순종하는 삶을 살게 도와주세요.

사람은 왜 타락하게 되었을까요?

그들이 그날 바람이 불 때 동산에 거니시는 여호와 하나님의 소리를 듣고 아담과 그의 아내가 여호와 하나님의 낯을 피하여 동산 나무 사이에 숨은지라. 창 3:8

우리나라는 자유민주주의 국가입니다. 누구나 자기 의사를 표현하고 생각을 말할 자유가 있습니다. 자유롭게 여행을 하고 직업을 가질 수도 있습니다. 이외에도 수많은 자유가 있습니다.

그런데 자유를 보장받기 위해서는 한 가지 조건이 있습니다. 다른 사람에게 피해를 주거나 법을 어겨서는 안 됩니다. 상대방을 불쾌하게 만들거나, 때리거나, 힘들게 한다면 자유를 잘못 사용한 것입니다. 그러면 결국 자유가 박탈당하거나 자유가 없는 곳으로 격리됩니다. 자유는 법과 원칙 안에서 의미가 있습니다.

하나님은 사람에게 자유의지를 주셨습니다. 사람을 생각하고, 판단하고, 결정해서 행동하도록 지으셨습니다. 사람은 에덴동산에서 수없이 많은 자유를 누렸습니다. 그런데 딱 한 가지, 하지 말아야 하는 일이 있었습니다. 선악과를 먹지 않는 것이었습니다.

아담은 자유로운 삶을 유지하기 위해서 하나님이 내리신 한 가지 금지 명령을 지켜야 했습니다. 아담은 얼마든지 선악과를 먹을 수도 있고, 먹지 않을 수도 있는 자유가 있었습니다. 그러나 이 자유로 어떤 선택을 했습니까? 아담은 먹지 말아야 하는 선악과를 먹고 말았습니다.

아담이 선악과를 먹고 타락한 이유는 아담 자신에게 있습니다.

13

하나님은 아담으로 하여금 죄를 짓게 하려고 선악과를 두시지 않았습니다. 오히려 아담이 자신의 자유로 하나님의 명령을 순종하는지 보기를 원하셨습니다. 하나님은 아담이 스스로 판단하고 결정해서 선악과를 먹지 않기를 바라셨습니다. 그러나 아담은 하나님이 주신 자유를 악을 행하는 데 사용하고 말았습니다.

우리는 하나님이 주신 자유를 선한 일과 하나님의 말씀을 순종하는 데 사용해야 합니다. 하나님이 주신 의지로 하나님을 섬기고 찬양해야 합니다.

소요리문답 13 문

문 우리의 첫 조상은 창조된 본래의 상태에 계속 머물렀습니까?
답 우리의 첫 조상은 자유의지를 가지고 하나님께 범죄하여 창조된 본래의 상태에서 타락했습니다.

기도

하나님 아버지, 우리에게 자유롭게 결정하고 선택할 수 있는 의지를 허락해 주셔서 감사합니다. 이 의지를 악을 행하는 데 사용하지 않게 하시고, 오직 선한 일을 행하며 하나님을 섬기는 데 드릴 수 있도록 도와주세요.

죄가 무엇인가요?

**만일 누구든지 여호와의 계명 중 하나를 부지중에 범하여도
허물이라 벌을 당할 것이니. 레 5:17**

운전을 하다 보면 속도 위반이나 불법 주차로 범칙금을 내야 하는 경우가 있습니다. 범칙금은 법을 지키지 않은 죄에 대한 벌인 것입니다. 어떤 사회든지 죄를 지키지 않으면 벌을 받습니다.

법은 나라마다, 지역마다 조금씩 다릅니다. 똑같은 잘못을 저질렀더라도 어떤 나라에서는 죄가 되지만, 어떤 나라에서는 죄가 되지 않습니다. 또 옛날에는 죄가 되지 않았지만, 지금은 죄가 되는 경우도 있습니다. 왜일까요? 죄의 기준이 다르기 때문입니다. 법을 누가 만들었는지, 혹은 언제 만들었는지에 따라서 법의 내용과 적용이 달라지고, 죄인지 아닌지도 결정됩니다.

그렇다면 한 가지 문제가 있습니다. 죄에 대한 기준이 모호해진다는 것입니다. 시대와 장소에 따라서 변하지 않는 죄에 대한 절대적인 기준은 없을까요?

이 세상에서는 죄의 절대적인 기준을 찾을 수 없습니다. 죄의 절대적인 기준은 하나님에게서 찾아야 합니다. 성경은 죄의 기준을 하나님께 두고 있습니다. 죄란 무엇일까요? 사회적인 범법 행위도 죄이지만, 좀 더 근본적인 의미에서 죄는 이 세상을 만들고 운행하시는 하나님이 정하신 기준에 맞지 않는 것을 의미합니다.

하나님이 정하신 죄의 기준은 하나님의 율법입니다. 율법을 만

드신 하나님과 하나님이 정하신 율법을 부정하는 것이 죄인 것입니다. 이 기준에 따르면, 하나님을 믿지 않고 거부하는 모든 사람은 죄인입니다. 하나님의 율법을 어기는 모든 것이 죄입니다.

하나님은 율법을 기준으로 사람에 대한 최종 심판을 하십니다. 하나님을 믿고 그분의 말씀을 순종하는 자에게는 영원한 생명을 주시고, 부정하고 어기는 자에게는 영원한 벌을 내리십니다. 이 세상의 보이는 것과 보이지 않는 모든 것을 만드신 분이 죄를 정하시고, 죄에 대한 혹은 의에 대한 평가를 하십니다. 우리는 죄를 정하신 하나님을 두려워하며 거룩한 삶을 살도록 노력하고 기도해야 합니다.

소요리문답 14문

문 죄가 무엇입니까?
답 죄는 하나님의 율법을 조금이라도 부족하게 지키거나 그 법을 어기는 것입니다.

기도
하나님 아버지, 죄는 하나님을 부정하고 하나님의 율법을 어기는 것이라고 알려 주셔서 감사합니다. 우리가 죄를 멀리하며 하나님의 거룩을 닮아 가는 하나님의 자녀가 될 수 있도록 도와주세요.

타락이란 무엇인가요?

여자가 그 나무를 본즉 먹음직도 하고 보암직도 하고 지혜롭게 할 만큼 탐스럽기도 한 나무인지라 여자가 그 열매를 따 먹고 자기와 함께 있는 남편에게도 주매 그도 먹은지라. 창 3:6

상한 음식을 먹으면 탈이 납니다. 배가 아프기도 하고, 온몸에 두드러기가 나기도 합니다. 심한 경우에는 입원해서 치료를 받아야 합니다. 이런 사고는 음식이 가지고 있던 본래 성질이 변했기 때문에 일어납니다.

사람은 처음에 창조되었던 본래 모습을 계속 유지했을까요? 하나님은 사람을 하나님의 형상으로 아름답게 창조하셨습니다. 하나님은 아담을 기뻐하셔서 에덴동산을 다스리게 하셨고, 만물의 영장이라는 지위를 주셨으며, 즐겁게 살 수 있는 환경을 주셨습니다.

그러나 아담은 본래 가지고 있던 모습을 잃어버리고 변했습니다. 하나님이 먹지 말라고 하신 선악과를 먹고 난 이후 그는 큰 변화를 겪었습니다. 하나님을 피하기 시작했습니다. 하나님을 원망했습니다. 아담은 모든 것이 두렵고 무서웠습니다. 이것을 '타락'이라고 합니다. 타락한 사람은 하나님의 형상을 잃어버렸습니다.

우리는 아담의 후손으로, 본래 타락한 존재입니다. 그러나 하나님이 은혜를 베풀어 구원의 길을 열어 주셨습니다. 예수님을 이 땅에 보내 우리의 죄를 대신해서 십자가 형벌을 받게 하셨기 때문입니다. 예수님을 믿는 사람은 누구나 구원을 얻고 하나님의 자녀가 되는 은혜를 입습니다.

15

하나님은 예수님과 연합한 사람에게 선을 행할 수 있는 의지를 주십니다. 하나님의 형상을 회복할 수 있도록 인도하십니다. 구원받은 자녀의 증거는 하나님의 말씀을 기뻐하고 그 말씀대로 살기를 원하는 것입니다.

하나님이 우리에게 하나님을 기뻐하고 섬기는 마음을 주실 때 기도와 예배의 자리로 나가야 합니다. 회개할 마음을 주실 때 그 자리에서 용서를 구하고 거룩함을 입어야 합니다. 오늘도 우리를 예배의 자리로 부르신 하나님께 감사합시다.

소요리문답 15문

문 우리의 첫 조상이 창조 받은 지위에서 타락하게 된 죄는 무엇입니까?
답 우리의 첫 조상이 창조 받은 지위에서 타락하게 된 죄는 금하신 열매를 먹은 것입니다.

기도

하나님 아버지, 우리는 타락한 존재였습니다. 하나님을 마음에 두기를 싫어하고 말씀을 순종하지 않았습니다. 그러나 우리를 선택하시고 은혜를 베풀어 의의 길로 인도하심을 감사드립니다. 하나님께 가까이 감으로 하나님의 본래 형상을 회복하는 은혜를 날마다 베풀어 주세요.

아담이 잘못했는데 왜 우리까지 죄인이 된 것입니까?

사망이 한 사람으로 말미암았으니 죽은 자의 부활도 한 사람으로 말미암는도다 아담 안에서 모든 사람이 죽은 것같이 그리스도 안에서 모든 사람이 삶을 얻으리라.
고전 15:21-22

새로운 집을 전세로 얻을 때 가장 먼저 하는 일은 주인과 계약서를 쓰는 것입니다. 계약서에는 집에 들어가는 가족의 대표가 서명을 합니다. 만약 아버지가 대표로 서명을 했다면, 계약서에 명시된 권한과 책임은 아버지뿐만 아니라 어머니와 아이들에게도 있습니다. 그 집에 몇 년 동안 살 수 있는 권리와 집을 잘 관리해야 하는 책임이 가족 모두에게 있는 것입니다. 아버지가 서명했지만, 계약서의 내용은 모든 가족에게 적용됩니다.

이와 같이 아담의 행동과 결정은 아담에게만 영향을 미치는 것이 아니라, 아담 이후로 태어나는 모든 자손에게 영향을 미칩니다. 하나님은 아담과 선악과를 통해서 언약을 맺으실 때 아담을 '인류의 대표자'로 세우셨습니다. 그래서 아담이 선악과를 먹고 죄를 지었을 때 아담만 형벌을 받는 것이 아니라, 이후로 태어나는 모든 자손도 형벌을 받게 된 것입니다.

아담의 죄가 모든 자손에게 '전가'되었습니다. 모든 사람은 죄를 가지고 태어납니다. 우리도 죄를 가지고 태어났습니다. 따라서 옳고 바른 일을 하려는 의지보다 나의 욕심과 생각대로 하려는 의지가 더욱 강합니다.

우리는 이 세상을 살면서 죄성을 완전하게 고칠 수 없습니다.

16

우리의 힘으로는 죄를 이길 수 없습니다. 오직 은혜로 죄의 힘을 이겨야 합니다. 성령으로써 육신의 정욕과 탐심을 버려야 합니다. 우리는 우리 안에 계신 예수님을 의지해야 합니다. 이를 위해 기도할 때 하나님이 우리를 거룩한 삶으로 인도해 주십니다. 주님을 의지하는 마음으로 기도하고 거룩한 삶을 살게 해달라고 간구합시다.

소요리문답 16 문

문 아담의 첫 범죄 때에 모든 사람이 타락했습니까?
답 아담과 맺으신 언약은 아담 한 사람만이 아니라 그의 후손까지 위한 것이므로, 보통의 출생법으로 아담의 후손이 된 모든 인류는 아담의 첫 범죄 때에 그의 안에서 죄를 짓고 그와 함께 타락했습니다.

기도

하나님 아버지, 우리는 원죄를 가지고 태어나 악에 치우쳤습니다. 하지만 은혜를 베푸셔서 죄를 미워할 수 있는 마음과 거룩한 삶을 소망하는 마음을 주셔서 감사합니다. 항상 죄를 미워하고, 하나님의 공의를 사랑해 하나님이 기뻐하시는 자녀로 살아갈 수 있게 도와주세요.

타락으로 어떤 변화가 생겼나요?

그러므로 한 사람으로 말미암아 죄가 세상에 들어오고 죄로 말미암아 사망이 들어왔나니 이와 같이 모든 사람이 죄를 지었으므로 사망이 모든 사람에게 이르렀느니라. 롬 5:12

대통령은 나라를 통치하는 사람입니다. 그에게는 많은 권한과 능력이 있습니다. 국민이 부여한 것입니다. 대통령은 그 권한과 능력으로 많은 일을 할 수 있지만, 모든 일을 할 수 있는 것은 아닙니다. 법의 테두리 안에서만 권한과 능력을 발휘할 수 있습니다. 만약 법을 어기고 불법을 행하면 법의 심판을 받습니다. 국민이 부여한 대통령의 권한은 박탈되고, 죄인의 신분이 되어 감옥에서 비참한 생활을 하게 됩니다.

이처럼 사람은 처음에 하나님께 많은 권한과 능력과 자유를 부여받았습니다. 그러나 죄를 짓고 나서 모든 지위를 박탈당하고 비참한 모습으로 전락했습니다. 하나님을 피해서 숨기 시작했고, 하나님을 싫어했습니다. 이로 인해 죽음이 이 땅에 들어왔습니다.

성경은 타락한 인간의 비참한 상황을 '어둠의 상태', '하나님을 멀리하는 상태', '하나님의 진노 아래 놓인 상태', '죄의 종이 된 상태', '영적으로 죽은 상태'로 설명하고 있습니다. 타락으로 인한 비참함은 모든 인생에게 저주와 고통을 가져왔습니다. 이 땅을 살면서 일어나는 비참한 일과 억울한 일과 고통스러운 일은 모두 인간의 타락에서 시작된 것입니다.

이 모든 고통의 원인에 대해서 어떤 사람은 "하나님이 세상을

17

이렇게 만드신 것 아니냐" 합니다. 틀린 말입니다. 이것은 하나님이 시작하신 일이 아니라, 인간의 타락에서 출발했기 때문입니다. 죄의 문제를 해결해야 인간의 모든 문제가 풀립니다. 죄를 깨닫고 회개하는 것이 모든 회복의 시작입니다.

모든 관계의 회복 역시 회개에서 시작됩니다. 오늘 우리 가정에서 하나님에 대해서, 서로에 대해서 지은 죄가 생각난다면 하나님께 회개하고 서로에게 용서를 구합시다.

소 요 리 문 답 17 문

문 타락으로 말미암아 인류는 어떠한 처지에 떨어지게 되었습니까?
답 타락으로 말미암아 인류는 죄와 비참한 처지에 떨어지게 되었습니다.

기 도

하나님 아버지, 인간의 타락으로 이 땅에 고통과 비참이 오게 되었음을 알게 하셔서 감사드립니다. 하나님 앞에 설 때마다 죄를 깨달아 악에 치우치지 않게 하시고, 선한 일을 행하게 인도해 주세요.

아담의 죄가 사람에게 미친 영향은 무엇인가요?

만물보다 거짓되고 심히 부패한 것은 마음이라 누가 능히 이를 알리요마는 나 여호와는 심장을 살피며 폐부를 시험하고 각각 그의 행위와 그의 행실대로 보응하나니. 렘 17:9-10

배추씨를 땅에 심으면 배추가 자랍니다. 오이씨를 심으면 오이가 자랍니다. 어떤 씨앗을 심든지 본래 가지고 있던 성질을 드러내며 자라기 마련입니다.

사람에게는 어떤 본성이 있을까요? 아담의 후손인 모든 사람은 원죄의 씨앗을 가지고 태어납니다. 원죄를 가지고 태어난 사람은 자라면서 '실제적인 죄'(자범죄)라는 결과를 낳습니다. 성장하면서 생각하는 것이나, 말하는 것이나, 행동하는 것에서 적극적인 죄의 현상이 드러납니다.

사람은 착한 일과 의로운 일을 행하고자 하는 의지보다 자기중심적인 죄를 지으려는 의지가 더 강합니다. 그래서 사람들은 실제로 죄를 짓고 삽니다. 사회적으로 문제가 되는 죄를 짓지는 않을지라도, 죄를 짓고 살아갑니다. 성경은 행동으로 드러나는 것만이 죄가 아니라, 마음으로 악한 생각과 상상을 하는 것도 죄라고 말합니다. 성경에서 죄에 대한 기준은 매우 높고 엄격합니다. 어느 누구도 죄의 문제에서 자유로울 수 없습니다. 아담의 후손인 사람은 누구나 죄의 노예입니다.

결국 모든 사람은 어둠이나 불의가 없는 거룩하신 하나님께 이를 수 없습니다. 죄인은 하나님께 나가거나 하나님을 만날 수 없습니다. 죄인은 결국 거룩하신 하나님의 심판대 앞에 설 수밖에 없고, 죄의 결과 사망과 영원한 저주를 받을 수밖에 없습니다. 그러나 하나님은 우리에게 구원의 길을 열어 주셨습니다. 그러므로 우리는 하나님 앞에 나올 때 먼저 본래 우리의 죄 된 모습을 고백해야 합니다.

하나님과의 교제는 회개에서 시작됩니다. 우리의 죄를 함께 고백합시다. 개인적인 죄뿐만 아니라, 가정과 공동체의 죄가 있다면 함께 용서를 구하고 하나님의 거룩하심을 입을 수 있도록 간구합시다.

소요리문답 18문

문 타락한 상태의 사람은 어떤 죄성을 지니게 되었습니까?
답 타락한 상태의 죄성은 아담의 첫 범죄에 유죄한 것과 의가 결여된 것과 모든 성품이 부패한 것인데 이것을 '원죄'라고 부르며, 아울러 원죄로부터 나오는 모든 실제적인 죄입니다.

기도

하나님 아버지, 우리는 죄의 노예였습니다. 아담의 원죄를 물려받고 실제적인 죄로 날마다 죄를 범합니다. 이 시간 우리의 죄를 고백합니다. 악한 생각을 하고, 하나님을 묵상하기보다 육신의 이익과 즐거움을 좇아 살았던 우리를 용서해 주세요. 죄를 멀리하고 하나님을 가까이하며 살게 도와주세요.

죄는 사람에게 어떤 결과를 가져왔습니까?

또 여자에게 이르시되 내가 네게 임신하는 고통을 크게 더하리니 네가 수고하고 자식을 낳을 것이며 너는 남편을 원하고 남편은 너를 다스릴 것이니라 하시고 아담에게 이르시되 네가 네 아내의 말을 듣고 내가 네게 먹지 말라 한 나무의 열매를 먹었은즉 땅은 너로 말미암아 저주를 받고 너는 네 평생에 수고하여야 그 소산을 먹으리라. 창 3:16-17

산에 불이 나면 푸른 숲이 시커먼 재로 변합니다. 크고 작은 동물들은 삶의 터전을 잃어버립니다. 숲이 주던 좋은 공기와 아름다운 경치를 더 이상 즐길 수 없게 됩니다. 모든 생명이 죽음으로 변해 버립니다. 이처럼 큰 재앙을 가져오는 산불은 어디서 시작될까요? 매우 작은 불씨입니다. 큰 재앙은 작은 일에서 시작됩니다.

아담의 죄는 작아 보이지만 모든 인류에게 매우 비참한 결과들을 낳았습니다.

첫째, 하나님과의 교제가 끊어졌습니다. 죄를 범한 아담과 하와는 하나님을 피해 숨었고, 에덴동산에서 쫓겨나 불안 속에서 살았습니다. 둘째, 사탄의 종이 되어 사탄의 지배 아래 살게 되었습니다. 선을 행하기보다 악을 행하게 되었습니다. 셋째, 사람은 악을 행하면서 하나님의 진노를 사게 되었습니다. 죄를 짓는 사람은 하나님의 진노와 저주 아래 놓였습니다. 하나님은 의롭고 거룩하시기 때문에 죄를 간과하실 수 없습니다. 죄에 대해서 심판하십니다. 넷째, 사람은 이 땅에서 비참한 삶을 살게 되었습니다. 전쟁과 기근, 질병이 계속됩니다. 사람은 생각과 판단이 온전하지 못하며, 욕심과 정욕으로 고통을 겪게 되었습니다. 영혼이 비참에 놓였습니다. 다섯째, 사람은 죄로 인한 비참으로 죽음의 형벌을 받게 되었습니다. 게다가 형벌은 죽음으로만 끝나지 않습니다. 죽음 후에 지옥 형벌을 받게 됩니다. 이 형벌의 고통은 끝이 없고 영원히 계속됩니다.

사람이 지은 죄의 결과는 매우 비참합니다. 이 비참한 결과를 피하고 영원한 생명을 얻는 길은 오직 하나밖에 없습니다. 예수님이 나의 죄를 위해 대신 죽으시고 3일 만에 부활하신 사실을 믿고 그분을 나의 구주로 받아들이는 것입니다.

우리는 죄의 모든 비참에서 건짐 받았습니다. 예수님의 은혜를 감사합시다. 우리가 당해야 할 모든 죄의 비참을 주님이 경험하셨습니다. 우리를 위한 은혜입니다.

소요리문답 19문

문 타락한 상태의 사람은 어떤 비참함에 놓였습니까?
답 모든 인류는 타락으로 인해 하나님과 교제가 끊어졌고 하나님의 진노와 저주 아래 있으며, 그로 말미암아 이 세상에서 온갖 비참함을 겪다가 결국 죽음에 이르고 영원히 지옥의 고통에 떨어집니다.

기도

하나님 아버지, 죄로 인한 비참이 얼마나 크고 심각한지 깨닫게 하심을 감사드립니다. 본래 우리는 죄 때문에 하나님의 진노 가운데서 심판을 받아 영원한 지옥 형벌을 받을 존재였습니다. 그러나 믿음을 주셔서 구원을 얻게 하심을 감사드립니다. 구원의 은혜를 찬양하며 하나님께 영광을 올려 드립니다.

하나님은 타락한 사람을 그냥 두셨나요?

내가 너로 여자와 원수가 되게 하고 네 후손도 여자의 후손과 원수가 되게 하리니 여자의 후손은 네 머리를 상하게 할 것이요 너는 그의 발꿈치를 상하게 할 것이니라 하시고. 창 3:15

수영을 못하는 사람이 깊은 물에 빠지면 위험합니다. 아무리 발버둥을 쳐도 혼자 힘으로 나올 수 없습니다. 만약 지나가던 사람이 구명 튜브를 던져 구해 주었다면, 물에 빠진 사람은 그에게 평생 은혜를 갚으며 살아야 할 것입니다. '은혜'란 전혀 능력이 없는 사람에게 일방적으로 베풀어지는 혜택을 말합니다.

죄인은 물에 빠져서 허우적대는 사람과 같습니다. 원죄와 실제적인 죄로 사람은 사망에 이르고, 하나님의 심판을 받아 영원한 형벌을 당하게 됩니다. 사람은 자신의 죄에 대해서 스스로 해결할 능력도 없고, 지혜도 없습니다.

하나님은 이러한 비참한 문제를 해결하시기 위해서 선한 뜻에 따라 은혜를 베풀어 주셨습니다. 하나님은 먼저 은혜로 죄악 가운데 있던 사람을 선택하셨습니다. 이 선택은 온전히 하나님의 자유롭고 주권적인 선택입니다. 사람이 믿을 것을 미리 알고 선택하신 것이 아닙니다. 선한 행위를 미리 알고 선택하신 것도 아닙니다.

하나님은 선택하신 사람들을 은혜 언약의 방법으로 구원해 주셨습니다. 은혜 언약은 하나님이 예수님과 세우신 언약입니다. 이 언약은 예수님이 하나님이 선택하신 자들의 대표가 되어 그들을 대신해 죄로 인한 형벌을 받으시고, 중보자의 직분을 감당하셔서 그들을 의롭게 하고 구원하신 것을 의미합니다.

믿음은 하나님이 주신 선물입니다. 그래서 구원은 은혜입니다. 우리에게 구원의 은혜를 허락하신 하나님께 감사합시다. 하나님은 그분의 사랑으로 예수님을 이 땅에 보내셨습니다. 하나님의 사랑을 알면 알수록 우리 죄의 심각성을 알게 되고, 둘 사이의 간극이 크고 넓다는 사실을 깨달을수록 예수님의 은혜를 깊이 체험하게 됩니다.

소요리문답 20문

문 하나님은 모든 사람이 죄와 비참 가운데 멸망하도록 내버려 두셨습니까?
답 하나님은 자신의 선한 뜻을 따라 영원 전부터 어떤 이들을 선택하여 영생을 주기로 하시고, 그들과 은혜 언약을 맺으셔서 구속자를 통해 죄와 비참의 상태에서 건져 내시고 구원에 이르게 하셨습니다.

기도

하나님 아버지, 우리를 죄의 비참 가운데 버려두지 않으시고 영원한 생명을 주기로 선택해 주셔서 감사합니다. 구원을 위해 죄인을 선택하시고 구속자를 보내 주신 은혜를 항상 찬송할 수 있게 도와주세요.

하나님은 사람을 어떻게 구원하셨습니까?

**말씀이 육신이 되어 우리 가운데 거하시매 우리가 그의 영광을 보니
아버지의 독생자의 영광이요 은혜와 진리가 충만하더라. 요 1:14**

　모든 운동선수가 가장 출전하고 싶어 하는 대회가 있습니다. 4년마다 열리는 올림픽입니다. 각 나라에서 오랫동안 훈련을 하고 실력이 뛰어난 선수들끼리 치열하게 경쟁을 합니다. 그중에서 실력이 가장 뛰어난 선수 몇 명만이 선발되어 국가대표의 자격을 얻습니다. 이 자격은 나라를 대표하는 매우 중요한 위치입니다. '자격'이란 그 일을 할 만한 가치를 말합니다. 국가적으로 중요한 일은 그만한 자격을 갖춘 사람이 할 수 있습니다.

　이것은 하나님의 구원 사역에서도 마찬가지입니다. 인류의 죄 문제를 해결하기 위해서는 그만한 자격을 갖추고, 그만한 가치를 가진 사람이 필요합니다. 그 사람만이 대속의 사역을 감당할 수 있습니다. 하나님은 선택하신 백성을 위한 구원자를 이 땅에 보내 주셨습니다.

　구원자가 되기 위해서는 두 가지 자격이 필요합니다. 완전한 하나님이면서, 완전한 사람이어야 합니다. 먼저, 완전한 하나님이어야 하는 이유는 죄가 없이 하나님의 모든 율법을 지키는 거룩한 자로서 하나님의 진노를 견뎌야 하기 때문입니다. 동시에 완전한 사람이어야 하는 이유는 죄의 형벌인 죽음의 고통을 실제로 당해야 하기 때문입니다.

21

 구원자는 자격에 있어서 우리를 대표할 수 있어야 하고, 가치에 있어서 우리를 대신할 수 있어야 합니다. 그래서 구원자는 하나님이면서 동시에 사람이어야 합니다. 이것이 바로 하나님이 육신이 되어 이 땅에 오실 수밖에 없었던 이유입니다. 우리는 구원자를 통해 영원한 생명을 얻게 되었습니다.

 하늘의 모든 영광을 버리고 사람이 되신 예수님의 은혜에 감사합시다. 주님이 하나님이시면서 사람이 되실 수밖에 없었던 이유는 우리 때문입니다. 우리를 향한 낮아지심의 은혜에 감사합시다.

소 요 리 문 답 21 문

문 하나님이 선택하신 사람들의 구속자는 누구이십니까?
답 하나님이 선택하신 사람들의 구속자는 오직 주 예수님이십니다. 그분은 하나님의 영원한 아들로서 사람이 되셨고, 그렇게 계셨고 계속해서 그렇게 계십니다. 두 가지 구별되는 성품인 신성과 인성을 입으시고 거하셨으며 영원히 한 위격을 갖고 계십니다.

기도
하나님 아버지, 우리를 위해서 독생자 예수님을 이 땅에 보내 주셔서 감사드립니다. 하나님이 친히 육신이 되어 우리의 죄를 대신해 죽으시고, 예수님의 의를 우리에게 전가시켜 주셔서 감사합니다. 우리는 예수님의 대속으로 의롭다 하심을 얻었습니다. 하나님의 은혜를 찬양하고 경배합니다.

예수님은 어떻게 사람이 되실 수 있었나요?

그는 근본 하나님의 본체시나 하나님과 동등됨을 취할 것으로 여기지 아니하시고 오히려 자기를 비워 종의 형체를 가지사 사람들과 같이 되셨고. 빌 2:6-7

조선 시대 군대에는 '백의종군'이라는 형벌이 있었습니다. 부하들에게 호령하던 장수를 하루아침에 부하보다 못한 신분으로 전락시켜 수치심을 느끼게 한 벌이었습니다. 사람은 누구나 높은 지위에 있다가 지위를 박탈당하고 천한 신분이 되면 고통스럽습니다. 이 일을 자발적으로 하는 사람은 없을 것입니다.

그러나 하나님은 우주 만물을 다스리는 영광스러운 지위를 버리시고 천하고 낮은 자리로 오셨습니다. 시간과 공간을 만드신 하나님이 사람이 되어 시간과 공간 안으로, 눈에 보이는 육신으로 오신 것입니다.

이 세상은 죄로 인한 타락으로 고통과 고난이 끊이지 않습니다. 하나님이 이 땅에 사람으로 오시는 것은 많은 고통을 감내하셔야 하는 일이었습니다. 그러나 하나님은 선택받은 자녀의 구원을 위해서 이 땅에 오셨습니다. 우리를 구원하기 위해서 사람이 되셨습니다.

그러면 흠 없고 거룩하신 하나님이 어떻게 죄가 있는 사람에게서 태어나실 수 있을까요? 사람에게서 태어나시면 원죄를 가지게 됩니다. 죄의 영향을 받지 않기 위해서는 사람의 씨를 받아 태어나서는 안 되었습니다. 하나님에게서 나셔야 했습니다. 예수님은 사람의 죄를 물려받지 않아야 거룩한 자로서 사람의 죄를 대신 감당하실 수 있었습니다. 이를 위해 성령으로 잉태되셔야만 했습니다. 예수님은 성령으로 나셨기 때문에 죄가 없는 거룩한 자로서 죄인을 대신해 죽으실 수 있었습니다.

예수님이 성령으로 오실 수밖에 없었던 이유는 우리의 죄를 온전하게 담당하시기 위해서였습니다. 예수님은 우리의 죄를 위해서 모든 영광을 버리셨습니다. 우리를 살리기 위한 예수님의 낮아지심에 감사합시다. 또한 우리 역시 그 사랑을 증거하기 위해서 낮은 곳으로 가서 섬깁시다.

소요리문답 22문

문 하나님의 아들이신 예수님이 어떻게 사람이 되셨습니까?
답 하나님의 아들이신 예수님은 성령의 능력으로 잉태되어 동정녀 마리아의 몸에서 참 몸과 지각 있는 영혼을 취하심으로 사람이 되셨습니다. 또한 마리아에게서 태어나셨으나 죄는 없으십니다.

기도
하나님 아버지, 우리를 위해 낮아지신 은혜에 감사합니다. 예수님은 성령으로 잉태되어 우리를 살리셨습니다. 우리도 그 사랑을 알아 겸손하고 낮아질 수 있게 도와주세요.

예수님은 우리를 위해 어떤 일을 행하십니까?

주의 성령이 내게 임하셨으니 이는 가난한 자에게 복음을 전하게 하시려고 내게 기름을 부으시고 나를 보내사 포로 된 자에게 자유를, 눈먼 자에게 다시 보게 함을 전파하며 눌린 자를 자유롭게 하고. 눅 4:18

변호사는 법률에 규정된 자격을 가지고 죄인의 편에서 변론을 해주는 사람입니다. 아무리 큰 죄를 지은 죄인이라도 그를 법률적으로 돕고 재판정에서 선처를 호소하는 역할도 합니다.

사람은 하나님 앞에 죄인입니다. 구약 시대에 죄인을 위해 하나님과 사람 사이에 중재자 역할을 한 사람들이 있습니다. 그들은 특별한 중재자로서 역할을 부여받아 기름 부으심을 받았습니다. 왕, 선지자, 제사장 등 세 사람이었습니다. 왕은 백성에게 하나님의 통치를 보여 주는 역할을 했습니다. 선지자는 하나님의 말씀을 전하는 역할을 했습니다. 제사장은 제사를 통해 하나님과의 관계를 회복하는 역할을 했습니다.

예수님은 이 땅에 왕, 선지자, 제사장이라는 3가지 직분을 수행하기 위해서 오셨습니다. 3가지 직무를 감당하셔야 하는 이유는 우리 죄의 비참 때문입니다. 예수님은 왕으로서 우리를 죄와 오염에서 건져 내는 역할을 하셨습니다. 예수님은 선지자로서 하나님의 계시를 나타내 주셨습니다. 예수님은 제사장으로서 우리의 죄책을 감당하셨습니다. 이러한 예수님의 직무는 그분의 백성과 관련해서 이행되었습니다.

이 직무에는 순서가 있습니다. 예수님은 선지자로서 백성에게

23

하나님의 말씀을 깨닫게 하십니다. 제사장으로서 의로움을 얻어 백성에게 그 의로움을 부여해 주십니다. 그리고 왕으로서 백성을 말씀으로 다스리십니다.

예수님은 하나님 앞에서 우리의 죄에 대해 그분의 피로써 무죄함을 변호하셨으며, 의로움을 전가해 주셨고, 지금도 말씀으로 깨닫게 하십니다. 우리를 위한 예수님의 직분에 감사하고 찬양합시다.

소 요 리 문 답 23 문

문 예수님이 우리의 구속자로서 무슨 직분을 행하십니까?
답 예수님은 우리의 구속자로서 선지자와 제사장과 왕의 직분을 낮아지고 높아지신 두 지위에서 행하십니다.

기도

하나님 아버지, 예수님이 3가지 직분을 가지고 우리를 위해 일하심을 감사드립니다. 왕으로서, 제사장으로서, 선지자로서 지금도 우리를 위해 말씀하시고, 의롭다 하시고, 통치해 주셔서 감사합니다. 우리가 이 은혜 가운데 항상 거할 수 있도록 도와주세요.

예수님은 왜 선지자의 일을 하십니까?

보혜사 곧 아버지께서 내 이름으로 보내실 성령 그가 너희에게 모든 것을 가르치고 내가 너희에게 말한 모든 것을 생각나게 하리라. 요 14:26

구약 시대에 하나님의 말씀을 가르치는 사람들이 있었습니다. '선지자' 혹은 '예언자'라고 합니다. '예언'에서 '예'는 '미리'라는 의미가 아니라, '맡았다'는 뜻입니다. 예를 들어, '돈을 예금했다'고 할 때와 같습니다.

물론 하나님의 말씀을 받아 가르친 사람들이 미래의 일을 전하기도 했습니다. 이 경우 선지자는 한 사람의 성공과 실패에 관한 개인적인 운명을 말한 것이 아니라, 언약 백성이 어떻게 하나님의 말씀대로 살 것인지에 대해서 전하는 역할을 했습니다. 백성이 하나님의 언약에서 벗어난 삶을 살 때 하나님의 말씀을 전하며 경고하고, 촉구하고, 소망을 주었습니다. 때로는 하나님의 계획과 비전을 말하기도 했습니다.

신약 시대에 와서 구약 시대 선지자는 더 이상 나타나지 않았습니다. 이제 예수님이 선지자의 역할을 감당하시게 되었기 때문입니다. 예수님은 우리의 구원을 위한 하나님의 뜻을 나타내셨습니다. 복음서를 통해서 어떻게 구원을 얻을지에 대해서 가르치셨고, 성령으로 거룩한 비밀을 우리에게 알려 주셨습니다. 우리는 예수님이 전하시는 말씀과 성령의 깨닫게 하심으로 하나님의 뜻과 계획을 알게 됩니다.

24

　우리가 하나님의 말씀을 깨닫고 아는 것은 우리의 힘으로써가 아닙니다. 예수님이 우리를 가르치시기 때문이고, 성령이 우리의 마음에 역사하시기 때문입니다. 하나님이 빛을 비추어 깨닫게 하심으로 우리는 하나님을 더욱 알게 됩니다.

　우리는 스스로의 힘으로 하나님을 먼저 알게 된 것이 아닙니다. 하나님이 먼저 우리를 선택하시고, 깨닫는 마음을 주셔서 하나님을 알게 된 것입니다. 하나님과 구원의 지식을 가진 것은 은혜입니다. 구원에 이르는 지식을 주신 하나님께 감사합시다.

소요리문답 24문

문 예수님이 선지자의 직분을 어떻게 행하십니까?
답 예수님은 선지자로서 우리를 구원하시려는 하나님의 뜻을 그분의 말씀과 성령으로 우리에게 계시하십니다.

기도

하나님 아버지, 우리가 먼저 하나님을 안 것이 아니라 하나님이 먼저 우리를 아시고 선택하셔서, 구원에 이르는 지식을 알려 주시고 깨닫게 하심을 감사합니다. 항상 은혜를 더하여 주셔서 우리의 죄를 더욱 알게 하시고, 동시에 하나님의 거룩하심과 전능하심을 찬양하게 도와주세요.

예수님은 왜 제사장의 일을 하십니까?

곧 우리가 원수 되었을 때에 그의 아들의 죽으심으로 말미암아 하나님과 화목하게 되었은즉 화목하게 된 자로서는 더욱 그의 살아나심으로 말미암아 구원을 받을 것이니라. 롬 5:10

구약 시대 제사장은 사람의 잘못을 속죄하기 위해서 하나님께 제물을 바쳐 제사를 드리는 사람이었습니다. 하나님과 사람 사이를 화목하게 하는 역할을 했던 것입니다. 또한 제사장은 하나님께 사람들의 간구를 올려 드렸습니다.

신약 시대 제사장은 예수님이십니다. 예수님이 구약 시대 제사장과 다르신 점이 있습니다. 구약 시대 제사장은 죄가 있었지만, 예수님은 죄가 없으십니다. 구약 시대에는 계속해서 제사를 드려야 했지만, 신약 시대에는 예수님이 자신을 제물로 드리셨기 때문에 더 이상 피 흘리는 제사를 드리지 않아도 됩니다. 또한 구약 시대에는 많은 제사장이 대를 이어서 직무를 감당해야 했지만, 신약 시대에는 한 분 의로우신 제사장인 예수님이 몸으로 제사를 단번에 드리셨기 때문에 더 이상 제사장이 필요하지 않습니다. 예수님은 영원히 우리 안에 거하시며 우리와 함께하십니다.

예수님은 제사장의 일을 두 가지 순종의 방법으로 행하셨습니다. 자발적 순종과 수동적 순종입니다. 첫째로, 예수님은 율법에서 요구하는 것을 모두 행하셨습니다(자발적 순종). 완전한 순종으로 율법을 완전히 행하셨습니다. 둘째로, 예수님은 우리의 죄가 그분께 전가되어서 우리를 대신해 심판을 받으셨습니다(수동적 순종). 동시에 예수님의 완전한 의가 우리에게 전가되어 우리가 의인이 되도록 하셨습니다.

예수님은 이처럼 완전한 순종을 이루셨고, 우리를 위해 하나님께 간구하십니다. 우리는 주님의 간구 때문에 항상 하나님의 거룩한 보좌 앞으로 나갈 수 있게 되었습니다. 예수님은 우리가 시험을 당할 때도 우리를 위해 기도하십니다. 이제 우리는 예수님의 희생 제물 되심으로 의인이 되어 하나님 앞에 나가 기도하고 소원을 구할 수 있게 되었고, 하나님의 위로를 얻었습니다. 이 은혜를 찬양하고 감사합시다.

소요리문답 25문

문 예수님이 제사장의 직분을 어떻게 행하십니까?
답 예수님은 제사장으로서 단번에 자신을 제물로 드려 하나님의 공의를 만족시키시고 우리를 하나님과 화목하게 하셨으며, 또한 우리를 위하여 항상 간구하십니다.

기도

하나님 아버지, 예수님을 이 땅에 보내 우리를 위한 제사장이 되게 하심을 감사합니다. 예수님이 자기 몸을 희생 제물 삼아 우리의 죄를 대속하게 하심을 감사드립니다. 지금도 우리를 위해서 제사장이 되어 하나님께 간구하심을 감사합니다. 이 은혜를 힘입어 날마다 하나님 앞에 담대히 나가 우리의 소원을 올리며 간구할 수 있도록 도와주세요.

예수님은 왜 왕의 일을 하십니까?

아버지께서 아들에게 주신 모든 사람에게 영생을 주게 하시려고
만민을 다스리는 권세를 아들에게 주셨음이로소이다. 요 17:2

구약 시대에는 지혜롭고 용감한 왕이 통치하면 백성은 행복했습니다. 게으르고 욕심 많은 왕이 통치하면 백성은 고통스러웠습니다. 한 나라가 평화롭고 안전하게 사는 것이 왕에게 달려 있었습니다. 그래서 구약 시대에는 하나님이 왕을 직접 선택하셨습니다. 이 왕은 하나님의 말씀과 지혜를 구하며 하나님의 통치를 드러내 보여야 했습니다.

그러나 역사가 흐르면서 구약 시대 왕은 타락하고 말았습니다. 결국 이스라엘을 다스리는 왕은 실패했습니다. 이제 백성에게는 더 이상 기대할 왕이 없었습니다. 그래서 하나님은 신약 시대에 오래전 약속하셨던 실패 없는 왕, 완전한 왕을 보내 주셨습니다. 그분은 온 세상을 통치하시는 왕, 예수님이십니다.

예수님은 우리가 하나님과 원수 되었을 때 우리를 불러 복종하게 하심으로 우리를 통치하십니다. 그분은 우리의 마음과 의지와 양심을 다스리십니다. 죄를 짓고 싶어 하던 마음에 선을 행할 수 있는 의지를 더해 주십니다.

또한 예수님은 우리를 지혜와 권능으로 다스리십니다. 하나님과 원수 되었던 우리에게 성령을 보내 우리의 마음에 하나님의 말씀을 새겨 주십니다. 구원받은 우리에게 마음판에 새겨진 말씀에

순종할 수 있는 능력과 의지를 더해 주셔서 죄를 지을 수밖에 없는 존재에서 죄를 짓지 않을 수 있는 존재로 인도해 주십니다.

그리고 예수님은 악한 마귀가 우리의 구원을 빼앗아 가지 못하도록 우리를 지키고 보전해 주십니다. 하나님의 백성에게 기쁨과 평안과 위로와 능력을 주시고, 장차 올 하늘의 영광을 소망하게 하십니다. 마지막 날, 모든 악한 사탄과 마귀는 정복을 당하고 영원한 저주와 형벌에 처해집니다.

이제 구원받은 우리는 왕 되신 예수님의 통치를 받게 되었습니다. 예수님은 무한한 지혜와 권능으로 우리를 다스리십니다. 예수님 안에 있을 때 우리는 복된 백성으로 살아갈 수 있습니다. 예수님의 통치가 우리의 가정에 온전히 임하기를 기도합시다.

소 요 리 문 답 26 문

문 예수님이 왕의 직분을 어떻게 행하십니까?
답 예수님은 왕으로서 우리를 자기에게 복종하게 하시고 우리를 다스리고 보호하시며, 그분의 모든 원수들, 곧 우리 원수들을 제어하고 정복하십니다.

기도
하나님 아버지, 예수님을 이 땅에 보내 우리의 왕이 되게 하심을 감사드립니다. 왕으로서 우리를 다스리고 통치해 주세요. 우리가 예수님의 통치를 온전히 받아들이고 순종할 수 있게 도와주세요.

예수님은 우리를 위해 어떻게 낮아지셨나요?

**때가 차매 하나님이 그 아들을 보내사 여자에게서 나게 하시고
율법 아래에 나게 하신 것은. 갈 4:4**

　예수님은 하나님이십니다. 세상과 우주를 통치하던 분이십니다. 사람이 될 필요가 없던 분이십니다. 그러나 그분은 죄인을 구원하기 위해서 스스로 하늘의 영광을 버리고 비천한 신분이 되기로 결정하셨습니다. 하늘에서 이 땅으로 내려와 낮아지셨습니다. 사람이 당하는 모든 고통과 어려움을 당하셨습니다. 이것을 '예수님의 낮아지심'이라고 합니다.

　예수님의 낮아지심은 사람을 사랑하시지 않으면 불가능합니다. 하나님은 우리의 구원을 위해서 스스로 희생하셨습니다. '예수님의 낮아지심'을 4가지로 설명합니다.

　첫째, 성육신하셨습니다. 시간과 공간을 만드신 분이 시간과 공간 안으로 들어오셨습니다. 하나님은 사람이 되시기 위해 하늘의 영광과 권세를 버리고 천한 마구간에서 태어나셨습니다.

　둘째, 고난을 받으셨습니다. 마귀에게 시험을 받으셨습니다. 유대 종교 지도자들에게 비난과 협박과 무시를 당하셨습니다. 육신이 지치기도 하셨습니다. 제자들에게 배신을 당하셨습니다. 로마 군사에게 폭행과 조롱을 당하셨습니다. 율법을 만드신 분인데, 율법에 순종하는 삶을 사셨습니다.

　셋째, 십자가에 죽으셨습니다. 인류 역사상 가장 잔인하고 수치

스럽고 저주받은 사형제도 중에 하나인 십자가 형벌을 직접 받으셨습니다.

넷째, 장사되셨습니다. 예수님은 참 사람이시기 때문에 죽으셨습니다. 3일 동안 다른 죽은 사람들처럼 죽음의 권세 아래 어두운 무덤에 계셨습니다.

세상의 많은 갈등과 다툼은 내가 높아지려고 하는 데서 시작됩니다. 예수님은 우리를 위해 낮아지셨습니다. 우리도 겸손하게 낮아져서 나보다 다른 사람을 낫게 여기고 섬겨야 합니다.

소요리문답 27 문

문 예수님의 낮아지심이 무엇입니까?

답 예수님의 낮아지심은 그분이 성육신하시되 그처럼 비천한 형편에 태어나셨고 율법 아래 나셨으며, 이 세상에서 여러 가지 비참함을 겪다가 하나님의 진노와 십자가의 저주의 죽음을 받으셨고, 장사되셔서 얼마 동안 죽음의 권세 아래 거하신 것입니다.

기도

하나님 아버지, 감사합니다. 우리를 위해서 가장 낮은 곳에 예수님을 보내 섬김의 본이 되게 하심을 감사드립니다. 우리도 예수님을 닮아 낮은 곳에서 섬길 수 있게 도와주세요.

예수님은 우리를 위해 어떻게 높아지셨나요?

이르되 갈릴리 사람들아 어찌하여 서서 하늘을 쳐다보느냐 너희 가운데서 하늘로 올려지신 이 예수는 하늘로 가심을 본 그대로 오시리라 하였느니라. 행 1:11

예수님은 사람으로 오셔서 우리를 구원하기 위해 낮아지셨다가 다시 영광과 권세를 가지신 원래 자리로 돌아가셨습니다. 이것을 '예수님의 높아지심'이라고 합니다. '예수님의 높아지심'은 4가지 과정을 거칩니다.

첫째, 부활하심입니다. 예수님의 높아지심은 그분이 죽은 지 3일 만에 다시 살아나신 것으로 시작합니다. 제자들은 부활하신 예수님을 다시 만났습니다. 부활은 역사 가운데 일어난 일입니다.

둘째, 승천하심입니다. 예수님은 제자들이 보는 가운데 부활하신 모습 그대로 승천하셨습니다. 승천하신 예수님은 우리도 하나님께 갈 수 있는 길을 열어 두셨습니다.

셋째, 하나님의 우편 보좌에 앉으심입니다. '우편'이라는 말은 눈에 보이는 자리를 말하는 것이 아니라, 하나님께 받으신 권세를 다시 가지셨다는 의미입니다. 예수님은 그 자리에서 우리를 위해 기도하시고, 우리를 계속 도와주고 계십니다.

넷째, 심판하기 위해 다시 오심입니다. 심판주이신 예수님은 마지막 심판의 날에 예수님을 믿지 않는 사람에게는 영원한 형벌을 내리십니다. 그러나 예수님을 주인으로 영접해 그분의 말씀을 순종한 사람에게는 영원한 생명을 주십니다.

28

예수님은 부활, 승천하셔서 하나님 우편에 앉아 계십니다. 지금 권세와 영광을 가지고 우리를 위해 기도하시며, 우리를 돌보고 계십니다. 예수님의 높아지심을 통해서, 예수님 안에 있는 모든 사람은 죽더라도 마침내 부활하고 영화롭게 됩니다. 예수님의 높아지심은 고난 많은 이 세상을 살아가는 우리에게 위로와 힘이 됩니다.

소 요 리 문 답 28 문

문 예수님의 높아지심이 무엇입니까?
답 예수님의 높아지심은 그분이 장사된 지 3일 만에 죽은 자들 가운데서 부활하셨고, 하늘에 오르셨고, 성부 하나님 우편에 앉아 계시며, 마지막 날에 세상을 심판하러 오시는 것입니다.

기도
하나님 아버지, 우리를 위해서 높아지신 예수님의 은혜를 기억합니다. 예수님의 높아지심처럼, 죄로 인해 비참한 처지에 있던 우리를 영화로운 자리로 인도해 주실 것을 믿고 감사드립니다. 이 소망으로 힘든 세상을 이겨 낼 수 있게 도와주세요.

예수님의 사역이 지금 나에게 어떻게 영향을 미치나요?

그가 내게 대답하여 이르되 여호와께서 스룹바벨에게 하신 말씀이 이러하니라 만군의 여호와께서 말씀하시되 이는 힘으로 되지 아니하며 능력으로 되지 아니하고 오직 나의 영으로 되느니라. 슥 4:6

우리나라에서 처음으로 목화가 재배된 시기는 고려 말입니다. 문신이었던 문익점이 목화씨를 중국에서 들여온 이후로 면으로 된 옷을 만들 수 있었습니다. 지금 우리가 입고 있는 면으로 된 옷은 고려 말에 목화씨를 들여온 덕분이라고 할 수 있습니다. 이처럼 과거에 일어난 일이 지금까지 좋은 영향을 미치는 경우가 있습니다.

그렇다면 아주 오래전에 있었던 예수님의 구속 사역은 어떠할까요? 약 2000년 전에 일어난 사건이 어떻게 지금 우리에게 영향을 미치게 되었을까요? 성령님 때문입니다. 우리를 구원하는 사역은 삼위 하나님의 사역입니다. 성부 하나님은 구원을 계획하시고, 성자 하나님은 구원을 실행하시고, 성령 하나님은 구원을 적용하십니다.

성령 하나님은 예수님 이후에 오는 모든 선택받은 사람에게 구원을 적용하십니다. 그들이 예수님의 복음을 들을 때 믿음을 주십니다. 자신의 죄를 깨닫고 회개하는 마음을 주십니다. 우리의 영혼을 거룩하게 하십니다. 새로운 피조물이 되게 하십니다. 죄를 싫어하고 말씀 안에서 선을 행할 능력을 더해 주십니다. '예수님 없이는 영원한 생명을 가질 수 없다'는 사실을 깨닫게 하십니다.

예수님이 나의 주인이심을 고백할 수 있게 인도해 주십니다. 예수님이 내 안에 계셔서 인도해 주시기를 바라는 마음을 주십니다.

성령님은 지금도 우리에게 믿음을 주셔서 구원에 이르도록 하십니다. 지금도 우리를 위해 기도하십니다. 세상의 고난과 유혹 속에서 이기도록 하십니다. 믿음이 약해지고 하나님으로부터 마음이 멀어지는 것처럼 느껴질 때 기도합시다. 그러면 성령님이 우리에게 믿음을 더해 주시고 거룩한 삶으로 이끌어 주십니다.

소요리문답 29문

문 우리가 어떻게 그리스도의 값 주고 사신 구속에 참여하는 사람이 됩니까?
답 예수님의 성령이 그 구속을 우리에게 효력 있게 적용해 주심으로 우리는 그리스도의 값 주고 사신 구속에 참여하는 사람이 됩니다.

기도

하나님 아버지, 유혹과 시험이 많은 이 세상 속에서 우리를 붙잡아 주심을 감사드립니다. 비록 흔들리고 넘어지는 일이 있더라도 다시금 일어날 수 있도록 성령님을 통해 역사해 주심을 감사합니다. 성령님을 의지하며 시험과 고난을 이길 수 있도록 도와주세요.

성령님은 어떤 일을 하시나요?

나는 포도나무요 너희는 가지라 그가 내 안에, 내가 그 안에 거하면 사람이 열매를 많이 맺나니 나를 떠나서는 너희가 아무것도 할 수 없음이라. 요 15:5

우리는 이사를 갈 때 새로운 집을 찾습니다. 여러 집을 둘러보다가 마음에 드는 집을 찾으면 계약을 합니다. 이때 계약을 했다고 해서 아직 내 집이 된 것은 아닙니다. 열쇠를 받고, 새 집에 짐을 옮기고, 집에 들어가서 살 때 내 집이 됩니다.

우리가 예수님의 자녀가 되고, 영원한 생명을 얻고, 하나님의 은혜를 누리는 것은 성령님이 예수님의 구원을 우리에게 적용시켜 주실 때 일어나는 일입니다. 예수님의 구원 사역이 나의 것이 되기 위해서는 사전적 지식만 있어서는 안 됩니다. 성경을 지식적으로 아는 것만으로는 구원에 이를 수 없습니다. 이 지식에 동의할 뿐만 아니라, 구원의 은혜를 실제로 알고, 믿고, 의지해야 영원한 생명을 얻을 수 있습니다.

그런데 성경을 읽거나 성경에 관한 내용을 들을 때 어떤 사람은 의심합니다. 어떤 사람은 말도 안 되는 이야기라고 무시합니다. 그러나 우리는 성경이 하나님의 말씀이라는 사실을 믿을 뿐만 아니라, 우리를 위한 유일한 진리의 말씀이며, 믿고 순종해야 할 우리 인생의 규범이라고 인정합니다. 성령님이 우리 안에서 역사해 주셨기 때문입니다.

'외적 부르심'은 전도를 통한 모든 사람을 향한 부르심입니다.

30

모든 사람이 외적 부르심에 반응하지 않습니다. 오직 선택받은 자녀들만 반응합니다. 이것을 '내적 부르심'이라고 하며, 반드시 효력을 낳습니다.

성령님이 우리를 불러 주셨습니다. 이 부르심 때문에 우리가 믿음을 가지게 되었고, 구원의 은혜를 입었습니다. 성령님은 우리를 불러 구원을 주셨기 때문에 우리를 끝까지 책임지고 인도해 주십니다. 우리가 힘들 때 기도할 수 있는 의지와 힘을 더해 주십니다. 우리는 혼자가 아닙니다. 우리를 부르신 성령님이 재림의 날까지 흠 없고 온전하게 하나님 앞으로 인도해 주실 것입니다.

소요리문답 30문

문 예수님의 값 주고 사신 구속을 성령이 우리에게 어떻게 적용하십니까?
답 성령은 우리를 효력 있는 부르심으로 부르셔서 우리 안에 믿음을 일으켜 주시고 예수님과 연합하게 하심으로 예수님의 값 주고 사신 구속을 우리에게 적용해 주십니다.

기도
하나님 아버지, 오래전 예수님의 구속의 은혜를 지금 우리가 누릴 수 있도록 도와주셔서 감사드립니다. 우리는 구원 밖에 있던 자였지만 우리를 불러 자녀 삼으시고 구원을 허락해 주셔서 감사합니다. 항상 하나님의 구원의 은혜 가운데 머물도록 인도해 주세요.

믿음이 어떻게 생기나요?

또 새 영을 너희 속에 두고 새 마음을 너희에게 주되 너희 육신에서 굳은 마음을 제거하고 부드러운 마음을 줄 것이며 또 내 영을 너희 속에 두어 너희로 내 율례를 행하게 하리니 너희가 내 규례를 지켜 행할지라. 겔 36:26-27

어둠은 주변이 온통 컴컴하고 어두울 때 스스로 어둡다는 사실을 알지 못합니다. 언제 스스로 어둡다는 것을 깨닫게 될까요? 밝은 빛이 비칠 때입니다.

어둠처럼 우리는 하나님을 알지 못하고, 믿지도 않았습니다. 스스로 알고 싶은 마음이 생겨난 것도 아닙니다. 우리는 진리에 대해서 무지했습니다. 그러면 우리는 언제부터 하나님에 관한 지식, 구원에 대한 진리를 받아들이게 되었을까요?

우리가 먼저 찾아서 알아낸 것이 아닙니다. 성령님이 일하심으로 우리를 불러 주셨기 때문입니다. 앞에서 설명했듯이, 이것을 '부르심'이라고 합니다. 성령 하나님은 구원의 효과를 누릴 수 있도록 내적 부르심으로 우리를 불러 주셨습니다. 이것을 '효력 있는 부르심'이라고 합니다.

우리는 이 부르심으로 우리가 죄인이라는 사실을 비로소 깨닫게 되었습니다. 우리가 얼마나 비참한 상태에 놓여 있는지를 보게 되었습니다. 하나님은 이러한 방법으로 죄를 깨닫게 하시고, 마음에 빛을 비추어 예수님을 알게 하시고, 믿게 하시고, 의지하게 하십니다. 이제 더 이상 어둠에 머물지 않도록 선한 의지를 주십니다. 선한 의지로 더 이상 악한 것을 추구하지 않고 선한 것을 좇으

31

며, 예수님을 붙잡고 사는 것이 유일한 소망임을 깨닫게 하십니다. 이 모든 것은 성령 하나님의 일하심 때문입니다.

성령 하나님은 우리를 거룩한 하나님의 백성이 되게 하셨습니다. 우리의 힘이 아니라, 오직 성령 하나님의 부르심 때문이었습니다. 때때로 두려움과 불안이 찾아오더라도 내 안에 계신 성령 하나님을 신뢰하고 기도합시다. 그러면 하나님이 소망 가운데 평안을 주실 것입니다.

소요리문답 31문

문 효력 있는 부르심이 무엇입니까?

답 효력 있는 부르심은 하나님의 성령이 하시는 일로서, 우리의 죄와 비참함을 깨닫게 하시고, 우리의 마음을 밝게 하여 예수님을 알게 하시고, 우리의 의지를 새롭게 하셔서 우리로 하여금 복음 가운데 값없이 주시는 예수님을 영접하도록 우리를 설득해 믿게 하시는 것입니다.

기도

하나님 아버지, 우리는 예수님을 알지 못하는 존재였습니다. 우리를 불쌍히 여겨 불러 주시고, 예수님을 영접할 수 있는 은혜를 주셔서 감사드립니다. 우리에게 빛을 비추어 진리를 깨닫게 하심을 감사합니다. 앞으로 더욱 힘써 진리를 깨닫고 알아 갈 수 있도록 도와주세요.

성령의 부르심을 받은 사람의 유익은 무엇인가요?

**그 기쁘신 뜻대로 우리를 예정하사
예수 그리스도로 말미암아 자기의 아들들이 되게 하셨으니.** 엡 1:5

산 정상에서 해가 뜨는 광경은 정말 멋있습니다. 이 장면을 보기 위해서 캄캄한 밤에 산에 오릅니다. 해가 뜨면 일출의 아름다움뿐만 아니라, 어두워서 보이지 않았던 산의 장엄한 모습까지 볼 수 있습니다. 어둠 가운데 있다가 부르심을 받은 사람들은 빛 가운데 살게 됩니다. 거룩의 빛 아래서 수많은 영적인 유익을 누립니다. 이 유익은 현세에서 누리는 유익과 비교될 수 없습니다.

본래 우리는 어둠 가운데 있을 때 공중 권세 잡은 자의 종노릇을 했던 존재입니다. 그러나 성령 하나님의 효력 있는 부르심으로 죄를 깨닫고 회개했습니다. 회개할 때 하나님은 우리의 죄를 용서하시며 의롭다고 칭해 주셨습니다.

우리가 완전히 깨끗하게 변화되어 선한 일을 행한 이후에 의롭다고 칭해 주신 것이 아닙니다. 우리의 죄를 자복하고 오직 예수님을 믿는 믿음 때문에 의롭다고 하셨습니다. 이것은 더 이상 죄로 인해 영원한 심판을 받지 않아도 된다는 법적인 무죄 선고입니다. 이로 인해서 하나님은 우리를 아들로 삼아 주셨습니다. 이것을 '양자 됨'이라고 합니다. 죄인에서 아들로 신분을 바꾸어 주신 것입니다.

이렇게 우리는 의롭다는 칭함을 받으면서 죄를 싫어하고 말씀

32

에 순종하려는 마음이 생깁니다. 이 마음을 주신 성령님의 일하심으로 점점 거룩한 자녀로 변화됩니다. 이것을 '성화'라고 합니다. 이러한 놀라운 유익이 부르심을 받은 자들에게 주어집니다.

성령님은 택하신 자녀를 불러 영적인 많은 유익을 주십니다. 죄인이었지만 의롭고 거룩한 자로 인정해 주십니다. 원수 된 자였지만 아들로 삼아 주십니다. 우리가 받은 영적인 유익에 대해서 하나님께 감사합시다.

소요리문답 32문

문 효력 있는 부르심을 받은 사람들이 이생에서 무슨 유익을 얻습니까?
답 효력 있는 부르심을 받은 사람들은 이생에서 의롭다 하심과 양자로 삼으심과 거룩하게 하심을 얻고, 또한 그것들과 함께 오거나 그것들에서 나오는 유익을 얻습니다.

기도

하나님 아버지, 어둠 가운데 있던 우리에게 빛을 비추시고 진리를 깨닫게 하심을 감사드립니다. 우리를 불러 양자로 삼아 주시고 거룩한 삶의 길로 인도해 주셔서 감사합니다. 이 부르심을 힘써 지키고 거룩한 자녀로 살기에 부족함이 없도록 도와주세요.

하나님이 왜 우리를 의롭다고 하시나요?

그리스도 예수 안에 있는 속량으로 말미암아
하나님의 은혜로 값없이 의롭다 하심을 얻은 자 되었느니라. 롬 3:24

재판관은 죄를 지은 사람에게 형벌을 내립니다. 죄가 크면 클수록 받아야 하는 형벌도 커집니다. 가장 큰 벌은 사형입니다.

하나님은 온 우주의 재판관이십니다. 하나님은 세상을 창조하신 후에 아담에게 피조물을 다스리는 권한을 주시면서 단 한 가지만 금지하셨습니다. 이 법을 어길 경우 '반드시 죽을 것'이라고 말씀하셨습니다. 하지만 아담은 이 법을 지키지 못했습니다. 하나님은 정한 법에 따라서 아담의 죄에 대해 형벌을 내리셨습니다. 미리 정한 대로 사형이었습니다.

아담은 인류의 대표자이기 때문에, 아담 이후에 태어나는 모든 사람은 이 형벌을 피할 수 없게 되었습니다. 모든 인류는 아담의 원죄에 따라서 사망이라는 형벌을 받았습니다. 이 벌은 어린아이부터 노인에 이르기까지 동일하게 적용됩니다.

그러나 하나님은 예수님을 믿는 자들에게는 사형선고를 무효로 선언해 주셨습니다. 뿐만 아니라 죄가 없고 의롭다고 말씀하셨습니다. 하나님이 우리를 의롭다고 말씀하신 이유는 우리가 선한 일을 했기 때문이 아닙니다. 예수님을 믿는 믿음으로 그분의 의가 우리에게로 옮겨졌기 때문입니다. 우리는 어떤 공로나 행위나 선행 때문이 아니라, 오직 믿음으로 예수님의 의를 전가받았습니다.

33

하나님께 의롭다고 인정받은 사람은 하나님의 법을 따라 살게 됩니다. 죄를 미워하고, 하나님의 말씀대로 살려는 마음이 생겨나며, 하나님의 성품을 닮아 가는 변화를 경험하게 됩니다.

하나님은 우리의 힘으로 얻을 수 없는 것을 베풀어 주십니다. 이것을 '은혜'라고 합니다. 하나님은 우리에게 믿음을 허락하셨고, 우리는 그 믿음 때문에 죄인에서 의인으로 인정받게 되었습니다. 이것은 놀라운 하나님의 은혜입니다. 우리는 하나님의 은혜를 감사하고 찬양할 수밖에 없습니다.

소요리문답 33문

문 의롭다 하심이 무엇입니까?
답 의롭다 하심은 하나님이 값없이 주시는 은혜의 행위이고, 이로써 그분이 우리의 모든 죄를 용서하시고 우리를 자기 앞에서 의롭다고 여겨 주십니다. 이것은 오직 예수님의 의를 우리에게 돌려주시는 일이고, 우리는 오직 믿음으로 받습니다.

기도

하나님 아버지, 우리를 의롭다고 칭해 주셔서 감사드립니다. 우리는 죄인입니다. 하지만 예수님의 보혈로 인해 죄 없다고 선언해 주셔서 감사합니다. 우리의 의인 됨을 믿습니다. 의인 된 삶에서 벗어나지 않도록 도와주세요.

어떻게 하나님의 자녀가 되나요?

영접하는 자 곧 그 이름을 믿는 자들에게는
하나님의 자녀가 되는 권세를 주셨으니. 요 1:12

어릴 때 부모의 죽음으로 보육원에 맡겨진 아이들이 있습니다. 너무나 외롭고 불쌍한 아이들입니다. 그들에게 큰 선물이 있다면, 사랑이 넘치는 집에 입양되어 아들과 딸이 되는 것입니다. 이보다 행복한 일은 없을 것입니다.

사람은 태어날 때부터 죄를 가지고 있기 때문에 죄의 종이었습니다. 하나님과 원수 된 자요, 하나님의 진노를 받는 자들이었습니다. 그러나 예수님을 믿음으로 의롭다고 인정된 사람은 죄의 종에서 하나님의 아들과 딸로 신분이 달라지고, 특별한 권리와 자유를 얻습니다.

양자 된 사람은 하나님을 "아버지"라고 부를 수 있습니다. 하나님이 아버지이시기 때문에 예수님을 통해서 항상 하나님 앞에 나가 소원과 간구를 올릴 수 있습니다. 세상의 악한 존재로부터 보호받을 수 있고, 영혼과 육신에 필요한 모든 것을 공급받습니다.

한편 하나님은 아버지로서 우리가 부패한 성품으로 인해 죄를 지을 때 가만히 두지 않고 징계하시며, 말씀 안에 거할 수 있도록 인도해 주십니다. 양자 된 사람은 이 세상에서 오는 고난과 고통을 이길 힘을 공급받을 뿐만 아니라, 성령님의 위로와 인도를 경험합니다. 그는 하나님을 찾고 예배하기를 기뻐합니다. 하나님의

34

약속을 믿고, 하나님의 말씀을 따라 살고 싶은 의지가 생겨 하나님의 계명을 사랑하게 됩니다. 이것은 하나님의 자녀 된 자에게 나타나는 증거입니다.

하나님은 원수 되었던 우리를 양자로 삼아 아들에게 주는 모든 특권과 자유를 주셨습니다. 우리가 무엇이기에 이런 은혜를 베풀어 주신 것일까요? 이 일은 오직 하나님의 선하신 뜻에 따라서 이루어졌습니다. 양자 된 은혜를 허락하신 하나님을 찬양하고 영광을 돌립시다.

소요리문답 34문

문 양자로 삼으심이 무엇입니까?
답 양자로 삼으심은 하나님이 값없이 주시는 은혜의 행위이고, 이로써 우리가 하나님의 자녀의 수에 들게 되고 자녀의 모든 특권을 누릴 수 있게 됩니다.

기도
하나님 아버지, 우리를 양자로 삼아 주셔서 감사드립니다. 원래 우리는 하나님과 원수 된 자였습니다. 그러나 하나님의 은혜로 아들과 딸이 되었습니다. 양자로서 자녀 된 권세를 누리게 하심을 감사합니다. 아들 된 자로 아버지께 간구하며 그 사랑 가운데 살게 도와주세요.

하나님의 형상은 어떻게 회복될까요?

그런즉 누구든지 그리스도 안에 있으면 새로운 피조물이라
이전 것은 지나갔으니 보라 새것이 되었도다. 고후 5:17

아이는 걸음마를 시작할 때 많이 넘어집니다. 몇 걸음 걷다가 넘어집니다. 걸음마를 배울 때는 한 번에 걷지 못합니다. 하루에도 수십 번을 넘어지면서 결국 걸을 수 있게 됩니다.

죄인이 하나님의 형상을 닮아 거룩한 모습으로 변화되는 과정도 이와 같습니다. 구원을 얻은 후 한 번에 거룩한 삶을 살기란 어렵습니다. 성령님이 죄를 깨닫게 하시면서 점점 하나님의 형상으로 변화되어 갑니다. 이것을 '성화'라고 합니다.

성화는 하나님의 형상으로 새롭게 되어 가는 과정입니다. 이 일은 사람의 의지와 힘으로 되지 않습니다. 하나님이 믿음으로 구원을 얻은 사람에게 주시는 은혜입니다. 이 은혜는 죄로 인해 하나님의 형상이 파괴된 사람에게 주시는 은혜입니다. 원래 모습으로 회복되는 은혜입니다.

하나님을 알기 전에 우리는 하나님의 말씀을 따르기보다는 죄인의 욕망을 따라서 살았습니다. 사람의 의지는 거룩한 것을 좇지 않았습니다. 그러나 하나님은 사람에게 믿음의 선물을 통해 구원을 허락해 주셨습니다. 구원받은 자에게 죄를 미워하고 의를 추구하며 살 수 있는 의지를 주셨습니다. 믿음으로 의롭다고 인정을 받은 사람은 거룩한 모습으로 변화될 수 있습니다.

35

　이것은 우리 안에 계신 성령님이 하시는 일입니다. 성령님은 우리가 죄를 지으면 잘못을 깨닫게 하시고, 하나님 앞에 회개하며 거룩에 이르도록 인도해 주십니다. 성령님은 우리의 마음에 거룩한 성질을 심어 주십니다. 우리의 지성과 감성과 의지에 지속적으로 영향을 주십니다. 전인격적인 변화가 일어나 새로운 사람이 되도록 역사하십니다.

　우리가 살면서 때로는 죄로 인해 넘어지고 실망하더라도 좌절하지 않을 수 있는 이유는 성령님이 거룩에 이르도록 도와주시기 때문입니다. 오늘도 성령님을 의지해 죄를 멀리하고 거룩한 삶을 살도록 기도합시다.

소요리문답 35문

문 거룩하게 하심이 무엇입니까?
답 거룩하게 하심은 하나님이 값없이 주시는 은혜의 행위이고, 이로써 우리가 하나님의 형상을 좇아 온전히 새사람이 되고, 점점 더 죄에 대하여 죽고 의에 대하여 살게 됩니다.

기도
하나님 아버지, 값없이 주신 은혜로 죄를 향하던 우리의 마음이 의를 향하도록 변화시켜 주셔서 감사드립니다. 우리는 하나님을 좇지 않았던 자들이지만, 은혜로 하나님의 거룩을 소망할 수 있게 인도해 주셔서 감사합니다. 하나님을 닮아 가는 거룩한 백성이 될 수 있게 도와주세요.

구원받은 사람이 얻는 영적인 유익들은 무엇인가요?

그러므로 우리가 믿음으로 의롭다 하심을 받았으니
우리 주 예수 그리스도로 말미암아 하나님과 화평을 누리자. 롬 5:1

출애굽기에서 바로왕은 유대인의 인구가 점점 증가하자 갓난 남자 아기를 죽이라고 명령했습니다. 모세의 어머니는 나일강에 아기를 담은 바구니를 떠내려 보냈습니다. 아기 모세는 마침 물가에 있던 애굽 공주에게 발견되었습니다. 모세는 공주에게 선택받았기 때문에 왕실의 모든 교육과 혜택을 누릴 수 있었습니다.

마찬가지로 하나님께 선택을 받은 사람은 수많은 영적인 혜택을 누립니다. 그는 이 땅에 살면서 4가지의 유익을 누립니다.

첫째, 하나님이 의롭다고 말씀해 주십니다. 우리는 여전히 죄의 성향이 남아 있어서 죄를 짓습니다. 하지만 하나님은 우리 안에 예수님을 믿는 믿음을 보고 의롭다고 말씀해 주십니다. 우리는 의로움 때문에 사망에서 영생으로 옮겨졌습니다.

둘째, 하나님이 아들과 딸로 받아들여 주십니다. 본래 우리는 하나님과 원수 된 자였는데, 하나님이 자녀로 인정해 주신 것입니다. 그래서 우리는 하나님을 향해서 "아바, 아버지"라고 부르며 모든 간구와 소원을 올려 드릴 수 있습니다.

셋째, 하나님이 비록 죄의 성향이 남아 있지만 계속해서 거룩한 성품으로 변화될 수 있도록 인도해 주십니다. 하나님은 이러한 변화 가운데서 우리에게 하나님의 사랑에 대한 확신과 양심의 평안과 영적인 기쁨과 은혜를 더욱더 깨닫게 해주십니다.

넷째, 하나님이 구원에서 떨어지지 않고 믿음을 가지도록 인내할 수 있는 마음을 주십니다. 선택받은 사람이 죄를 깨닫고 회개할 수 있는 은혜를 주셔서 끝까지 믿음 안에 거하게 하십니다.

하나님은 이 땅에서 우리의 마음과 의지가 죄를 향하지 않도록 인도해 주십니다. 악에서 보호하시고, 선을 행하고 말씀을 사모하는 은혜를 주십니다. 힘들고 어려울 때 다시 소망을 가지고 하나님의 섭리를 믿는 은혜를 허락해 주십니다. 하나님이 주신 영적인 유익과 은혜를 감사합시다.

소요리문답 36문

문 의롭다 하심과 양자로 삼으심과 거룩하게 하심과 함께 오거나 그것들에서 나오는 이생의 유익은 무엇입니까?

답 의롭다 하심과 양자로 삼으심과 거룩하게 하심과 함께 오거나 그것들에서 나오는 이생의 유익은 하나님의 사랑을 확신함과 양심의 평안과 성령 안에서 누리는 기쁨과 은혜의 많아짐과 은혜 가운데서 끝까지 견디는 것입니다.

기도

하나님 아버지, 우리를 구원해 양자로 삼아 주시고 거룩에 이르는 은혜를 허락해 주셔서 감사드립니다. 이 땅의 고난과 고통을 모두 사용하셔서 하나님을 더욱 알게 하심을 감사합니다. 이 은혜가 날마다 넘쳐 항상 하나님의 사랑을 확신하며, 평안과 기쁨이 충만할 수 있게 도와주세요.

우리가 죽을 때 어떤 유익들이 있나요?

우리가 예수께서 죽으셨다가 다시 살아나심을 믿을진대 이와 같이 예수 안에서 자는 자들도 하나님이 그와 함께 데리고 오시리라. 살전 4:14

퍼즐 맞추기는 조각난 그림을 원래 모양으로 맞추어 가는 놀이입니다. 처음에는 조각 하나를 맞추기가 어렵습니다. 하지만 하나둘씩 맞추어 가고, 마지막 조각을 끼워 넣는 순간 그림이 완성되면서 퍼즐 맞추기는 끝이 납니다.

선택받은 백성은 이 땅에서 살다가 죽습니다. 이것은 퍼즐 맞추기에서 마지막 퍼즐을 맞춘 것과 같은 인생의 완성이라고 할 수 있습니다. 죽음은 불신자들에게 슬픔과 상실이지만, 예수님을 믿는 사람들에게는 완성입니다.

신자는 이 땅에서 수많은 죄의 유혹과 싸웁니다. 믿음을 위협하고 무너뜨리려는 사탄의 궤계도 있습니다. 죽으면 더 이상 죄의 유혹을 받지 않고 악한 존재의 공격을 받지 않습니다. 이 세상의 모든 원수로부터 구원을 얻습니다.

또한 이 땅에서는 하나님에 대한 지식이 불완전하지만, 천국에 가면 하나님에 대한 완전한 지식을 가지게 됩니다. 온전히 거룩하게 되어 하나님께 드려지며, 하나님을 영원토록 예배하고 사랑하게 됩니다. 신자는 죽음으로써 완전한 거룩을 얻습니다.

신자는 죽는 순간, 영광에 들어갑니다. 그 영혼이 거룩하게 되어 예수님과 연합해 온전히 교제하고 그분의 임재 안에 거하게 됩니다. 이미 영광에 들어간 성도들과 영원히 교제할 수 있습니다. 죄와 사망의 고통에서 해방되어 온전하신 하나님의 완전한 사랑을 받습니다. 신자의 육체는 비록 땅에서 썩지만 예수님과의 연합은 계속되며, 육체는 부활 때까지 무덤에서 자게 됩니다. 그리스도 안에서 죽는 것은 슬픔이 아니라 행복입니다.

죽음은 하나님을 믿는 사람들에게 큰 유익이 있습니다. 죽음은 두려워할 문제가 아니라 은혜입니다. 우리에게 죽음이 비극이 아니라, 영광에 이르는 축복이라는 사실에 감사합시다.

소요리문답 37 문

문 신자가 죽을 때에 예수님에게서 무슨 유익을 받습니까?
답 신자는 죽을 때에 그의 영혼이 완전히 거룩하게 되어 즉시 영광에 들어가고, 그의 몸은 여전히 예수님께 연합되어 부활할 때까지 무덤에서 쉽니다.

기도
하나님 아버지, 우리에게 죽음이 고통스러운 생의 마지막이 아니라, 예수님과 연합해 완전히 거룩하게 되는 길임을 말씀해 주셔서 감사드립니다. 하나님과 영원히 함께할 날을 소망하며, 이 땅에서 당하는 고통을 인내하며, 믿음 가운데 살게 도와주세요.

우리가 부활할 때 어떤 유익들이 있나요?

그 후에 우리 살아남은 자들도 그들과 함께 구름 속으로 끌어올려 공중에서 주를 영접하게 하시리니 그리하여 우리가 항상 주와 함께 있으리라. 살전 4:17

감기는 우리 몸에 바이러스가 들어와서 걸립니다. 건강하던 사람도 몸 관리를 소홀히 하면 감기에 걸립니다. 건강하던 모습이 원래 모습입니다. 질병은 어느 순간 우리에게 찾아옵니다.

죽음도 이와 같습니다. 아담이 처음 지으심을 받았을 때부터 죽음이 있지 않았습니다. 아담이 선악과를 먹지 않았다면 죽음은 없었습니다. 죽음은 죄를 짓는 순간 들어왔습니다. 그렇다면 죽음은 극복될 수 있는 문제입니다.

사람들은 죽음이 원래부터 있었고, 죽음을 이길 수 없다고 생각합니다. 성경은 죽음이 죄로부터 시작되었다고 말하며, 죽음을 이길 수 있다고 이야기합니다. 예수님이 이 사실을 보여 주셨습니다. 예수님은 육체로 죽으셨지만, 다시 살아나셨습니다. 모든 죽은 자의 첫 열매가 되셨습니다.

부활은 예수님을 믿는 사람뿐만 아니라 예수님을 믿지 않는 사람에게도 적용됩니다. 마지막 심판 날에 모든 사람이 하나님의 심판대 앞에 서게 됩니다. 이때 예수님을 믿지 않고 신자들을 핍박한 사람들은 심판을 받아 영원한 불에 들어가게 됩니다. 이 심판은 영원히 계속됩니다. 불신자의 몸과 영혼은 영원한 고통 속에 있게 됩니다.

38

 그러나 예수님을 믿는 사람들은 부활한 몸으로 하나님 앞에서 "죄가 없다"는 선언을 받고, 영원토록 예수님과 함께 기뻐하고 찬송할 것입니다. 또한 하나님을 완전히 알게 되고, 하나님을 온전하게 기뻐하고 예배하게 됩니다. 이때는 이 땅에서 경험하지 못한 완전한 행복을 누릴 수 있습니다. 이 즐거움과 기쁨은 영원히 계속되며, 우리는 하나님의 거룩하심 가운데 거하게 됩니다.

 예수님을 믿는 우리는 그날을 소망하며 살아야 합니다. 이 땅에서의 고통과 고난은 잠시, 잠깐이면 지나갑니다. 우리는 그 언젠가 하나님 앞에서 영원토록 하나님을 찬양하고, 하나님의 위로와 사랑을 온전히 경험하게 될 것입니다. 그날을 기다리며 소망합시다.

소요리문답 38문

문 신자가 부활할 때에 예수님에게서 무슨 유익을 받습니까?
답 신자는 부활할 때에 영광 중에 일으킴을 받고, 심판 날에 공적으로 인정되고 죄 없다 함을 얻으며, 영원토록 하나님을 충만하게 즐거워하면서 완전한 복을 누릴 것입니다.

기도
하나님 아버지, 우리의 생이 죽음으로 끝나는 것이 아니라, 예수님처럼 부활한 몸으로 영생할 수 있는 은혜를 주셔서 감사드립니다. 영원히 하나님을 즐거워하면서 완전한 복을 누리며 사는 날을 소망할 수 있게 도와주세요.

하나님은 사람에게 무엇을 원하시나요?

사람아 주께서 선한 것이 무엇임을 네게 보이셨나니 여호와께서 네게 구하시는 것은 오직 정의를 행하며 인자를 사랑하며 겸손하게 네 하나님과 함께 행하는 것이 아니냐. 미 6:8

부모는 아이에게 많은 사랑을 베풉니다. 배고플 때 먹여 줍니다. 아프면 밤을 새워 가며 간호를 합니다. 자라면서 필요한 모든 것을 제공해 줍니다. 부모가 헤아릴 수 없는 희생과 사랑과 은혜를 베풀어 주기 때문에 아이는 건강하게 자랄 수 있습니다. 부모의 사랑을 아는 아이는 부모의 가르침을 소중히 여겨 순종합니다.

사람은 왜 하나님께 순종해야 할까요? 사람을 창조하신 하나님이 사람이 살 수 있는 모든 환경과 유익을 제공해 주셨기 때문입니다. 하나님이 베푸신 은혜를 아는 사람이라면 하나님이 정하신 법에 순종해야 합니다.

그런데 더 근본적인 이유가 있습니다. 사람은 하나님의 형상이기 때문에 하나님의 영광과 능력과 거룩을 드러내야 마땅합니다. 우리는 하나님의 법에 순종함으로써 하나님의 영광을 드러내야 합니다. 우리는 이 일을 위해 지으심을 받았습니다.

그러면 사람이 어떻게 하나님의 영광을 드러낼 수 있을까요? 하나님은 그 방법을 우리가 이해할 수 있는 언어를 통해 글로 계시해 주셨습니다. 그것이 바로 성경입니다. 하나님이 우리에게 요구하시는 의무는 짐이 아닙니다. 우리에게 피해가 되거나 고통을 주기 위한 것이 아닙니다. 하나님이 우리를 지으신 목적대로 살게 하시기 위해서입니다. 이 목적대로 살 때 사람은 행복할 수 있습니다. 하나님이 요구하시는 법에서 벗어날 때 고통이 있습니다.

   하나님이 우리에게 무엇을 행해야 할지를 알려 주신 것은 감사한 일입니다. 무엇을 행해야 하고, 어떻게 살아야 할지를 알려 주시지 않았다면 아마도 우리는 행복하게 사는 법을 알지 못했을 것입니다. 우리에게 하나님의 말씀을 허락하신 하나님의 은혜에 감사합시다.

소요리문답 39문

문 하나님이 사람에게 요구하시는 의무가 무엇입니까?
답 하나님이 사람에게 요구하시는 의무는 그분이 나타내 보이신 뜻에 순종하는 것입니다.

기도

하나님 아버지, 무엇을 하며 사는 것이 참 행복인지를 알려 주셔서 감사드립니다. 하나님의 말씀에 순종하며 살 수 있게 도와주세요.

하나님은 사람이 어떤 법을 지키기 원하시나요?

**모세가 기록하되 율법으로 말미암는 의를 행하는 사람은
그 의로 살리라 하였거니와. 롬 10:5**

　국가는 국민을 보호해 줍니다. 국민이 자신을 보호해 주는 국가에 살기 위해서 지켜야 할 것이 있습니다. 그것은 법입니다. 법은 국민의 자격이며 의무입니다. 대한민국에 사는 국민은 누구나 대한민국의 법을 지키고 살아야 합니다. 이처럼 하나님은 사람이 지켜야 할 법을 알려 주셨습니다. 성경에 나오는 법을 3가지로 나눌 수 있습니다. 의식법, 시민법, 도덕법입니다.

　첫째로, 의식법은 주로 구약 시대의 제사와 관련된 법입니다. 성전에서 제사를 드릴 때 어떤 방법으로 드릴지, 어떤 제물을 드릴지 등에 관한 법입니다. 의식법은 예수님이 오심으로 폐지되었습니다. 둘째로, 시민법은 구약 시대 이스라엘 백성이 이방인과 구별되게 살아가는 규정에 대한 법입니다. 시민법은 구약의 이스라엘이 사라지면서 폐지되었습니다. 셋째로, 도덕법은 하나님의 본성과 뜻이 담겨 있는 법으로, 십계명이 대표적입니다. 구약 시대뿐만 아니라, 지금 우리도 지켜야 하는 법입니다.

　하나님의 뜻이 담긴 도덕법은 영원 전부터 있었습니다. 사람의 마음에 기록된 하나님의 법입니다. 그래서 사람은 본성적으로 율법을 행하기도 하는데, 이를 가리켜 '양심의 법'이라고도 합니다. 이 법은 하나님을 알지 못하는 사람에게도 하나님의 심판의 근거

가 될 수 있습니다.

만약 법이 없다면 모든 것이 혼란스러울 것입니다. 그러나 하나님은 만드신 모든 것에 질서를 부여하기 위해 법을 정하셨습니다. 특히 사람을 지으시고 그 마음에 양심과 같은 법을 주셨습니다. 이 법으로 사람이 서로 사랑하고, 질서를 유지하고, 하나님의 거룩과 의를 드러내며 살도록 하셨습니다. 하나님의 은혜에 감사합시다.

소요리문답 40문

문 사람이 마땅히 순종할 규칙으로 하나님이 처음 나타내 보이신 것은 무엇입니까?
답 사람이 마땅히 순종할 규칙으로 하나님이 처음 나타내 보이신 것은 도덕법입니다.

기도

하나님 아버지, 우리를 창조하시되 하나님의 법을 마음에 두셔서 무엇이 옳고 그른지 양심으로 깨닫게 하심을 감사합니다. 항상 깨어서 양심 위에 하나님의 말씀으로 온전한 삶을 살 수 있게 도와주세요.

십계명이 무엇인가요?

여호와께서 그의 언약을 너희에게 반포하시고 너희에게 지키라 명령하셨으니 곧 십계명이며 두 돌 판에 친히 쓰신 것이라. 신 4:13

모든 성경책은 앞뒤에 3가지 글이 적혀 있습니다. '십계명', '사도신경', '주기도문'입니다. 페이지가 비어 있기 때문에 넣은 것이 아니라, 각각 중요한 기독교 전통이기 때문입니다. '십계명'은 신자가 어떻게 살아야 할지에 관해서, '사도신경'은 신자가 무엇을 믿어야 할지에 관해서, '주기도문'은 신자가 어떻게 기도해야 할지에 관해서 기록해 놓은 것입니다.

십계명은 10가지의 계명입니다. 10가지 계명에는 하나님의 본래 성품과 우리를 향한 하나님의 뜻이 모두 담겨 있습니다. 이 법은 모세가 십계명을 돌 판에 기록하기 이전부터 있었습니다. 예를 들어, 하나님을 믿는 사람은 "살인하지 말라"라는 계명이 기록되기 전부터 살인을 하면 죄가 된다는 사실을 이미 알고 있었습니다. 하나님을 믿는 사람은 하나님이 싫어하시는 행동이나 말을 자연스럽게 알게 됩니다.

하나님이 십계명을 구체적으로 기록하고 우리에게 주신 이유는 하나님 나라의 백성답게 살 수 있는 방법을 구체적으로 알려 주시기 위해서입니다. 신자는 십계명을 통해 4가지 사실을 알게 됩니다. 첫째, 무엇이 죄인지 구체적으로 알게 되어 사람이 어떤 비참한 처지에 놓여 있는지를 깨닫습니다. 둘째, 죄를 깨닫게 되면 내

41

힘으로 죄를 이길 수 없다는 것을 알고 하나님 앞에 나아갑니다. 셋째, 죄를 멀리하기 위해 예수님을 의지할 수밖에 없음을 알게 됩니다. 넷째, 하나님 앞에서 어떤 삶을 살아야 하는지에 대한 구체적인 방법을 발견합니다.

하나님은 우리를 위해서 하나님의 성품을 알고, 우리 죄의 비참을 깨닫고, 예수님을 의지해야만 하나님께 이를 수 있다는 것을 십계명으로 알려 주셨습니다. 십계명은 부담스러운 의무 사항이 아니라, 은혜로우신 하나님의 말씀입니다. 십계명을 주신 하나님께 감사하고, 하나님의 말씀에 순종할 수 있도록 기도합시다.

소요리문답 41문

문 도덕법은 어디에 함축적으로 요약되어 있습니까?
답 도덕법은 십계명에 함축적으로 요약되어 있습니다.

기도
하나님 아버지, 하나님을 믿는 사람이 어떻게 살아야 할지를 10가지 계명으로 알려 주셔서 감사드립니다. 계명에 담긴 하나님의 말씀에 순종하며 살 수 있게 도와주세요.

십계명을 요약하면 어떤 내용인가요?

예수께서 이르시되 네 마음을 다하고 목숨을 다하고 뜻을 다하여 주 너의 하나님을 사랑하라 하셨으니 이것이 크고 첫째 되는 계명이요 둘째도 그와 같으니 네 이웃을 네 자신같이 사랑하라 하셨으니 이 두 계명이 온 율법과 선지자의 강령이니라. 마 22:37-40

서로 깊이 사랑하면 상대방의 말을 잘 듣습니다. 사랑하는 사람이 요구하는 일을 어렵지 않게, 기쁜 마음으로 합니다. 때로 어떤 행동을 하지 말라고 하면 말을 잘 듣습니다. 서로 약속하면 반드시 지킵니다.

하나님을 진심으로 사랑하면 하나님이 하신 말씀을 잘 듣고, 어떤 명령도 기쁘게 순종하려고 합니다. 하나님이 정하신 법을 무시하고 지키지 않는다면 하나님을 사랑하는 것이 아닙니다.

십계명은 하나님이 우리를 사랑하셔서 정해 주신 말씀에 대한 우리의 반응입니다. 하나님은 우리에게 많은 은혜를 주셨습니다. 비록 우리는 죄로 인해 하나님의 진노로 심판을 받을 수밖에 없었지만, 하나님은 독생자 예수님을 이 땅에 보내 모든 사망 권세를 깨뜨리셨습니다. 이 진리를 믿는 자마다 영원한 생명을 주십니다.

이것은 우리를 향한 놀라운 하나님의 사랑입니다. 하나님의 사랑이 이처럼 크고 놀라운 은혜임을 믿는다면 우리는 하나님의 말씀에 순종하지 않을 수 없습니다. 하나님의 말씀대로 사는 것이 오히려 기쁘고 즐거운 일입니다.

십계명은 신자가 어떻게 살아야 할지에 관한 기록입니다. '하나님에 대한 사랑'과 '이웃에 대한 사랑', 두 가지로 요약됩니다. 하나님에 대한 사랑은 흘러가게 되어 있습니다. 생각나고 기억될 뿐만 아니라 마음에 새겨져 가까운 사람들에게 드러나게 되어 있습니다. 그것이 이웃에 대한 사랑입니다.

하나님이 우리를 얼마나 사랑하시는지를 안다면 우리는 하나님을 사랑할 수 있습니다. 하나님에 대한 사랑이 마음에서 느껴지고 이해되면 다른 사람에게도 하나님의 사랑을 전하게 됩니다. 하나님을 더욱 사랑하기 위해 기도합시다. 그러면 가족과 이웃을 사랑하게 됩니다.

소요리문답 42문

문 십계명의 요지가 무엇입니까?
답 십계명의 요지는 우리의 마음을 다하고 목숨을 다하고 힘을 다하고 뜻을 다하여 주 우리 하나님을 사랑하고, 또 이웃을 자기 자신같이 사랑하라는 것입니다.

기도

하나님 아버지, 우리가 하나님을 사랑하고 이웃을 사랑하며 살 수 있게 도와주세요. 하나님께 예배하고 말씀을 배우는 만큼 이웃을 사랑할 수 있도록 도와주세요.

십계명은 어떻게 시작되나요?

나는 너를 애굽 땅, 종 되었던 집에서 인도하여 낸 네 하나님 여호와니라. 출 20:2

대한민국 헌법에는 서문이 있습니다. 서문을 보면, 대한민국 국민은 어떻게 시작되었고, 어떤 사명이 있으며, 국가를 위해 무엇을 해야 하는지가 기록되어 있습니다. 헌법 서문은 대한민국 국민의 정체성을 보여 줍니다.

십계명은 하나님의 백성이 지켜야 하는 법입니다. 이 법에도 서문이 있는데, "나는 너를 애굽 땅, 종 되었던 집에서 인도하여 낸 네 하나님 여호와니라"입니다. 짧은 한 문장으로 되어 있지만, 하나님의 백성이 어떻게 시작되었는지를 말하고 있습니다.

이스라엘 사람들은 애굽에서 노예로 살았습니다. 성을 건축하는 일에 동원되었고, 핍박과 고통 속에서 지냈습니다. 하나님은 종으로 살던 민족을 애굽에서 불러내셨습니다. 그리고 시내산에서 종이었던 백성의 왕이 되어 주셨습니다. 종 된 백성이 하나님과의 언약으로 하나님께 속한 백성이 되었습니다.

하나님은 하나님의 백성의 자격과 의무로 '십계명'이라는 10가지 언약의 말씀을 주셨습니다. 이것은 이스라엘이 스스로의 힘과 능력으로 하나님의 백성이 된 것이 아니라, 전적으로 하나님의 은혜로 된 것임을 말해 줍니다. 하나님은 그들의 왕이 되어 보호하시고, 인도하시고, 섭리하셨습니다. 십계명을 지키며 사는 것은 그들을 구원해 주신 하나님의 은혜에 대한 감사의 표현입니다.

십계명의 서문은 하나님이 백성에게 베푸신 사랑을 보여 줍니다. 이처럼 우리가 하나님의 말씀과 법에 순종해야 하는 이유는 어둠 가운데 있던 우리를 하나님이 구원하셨고, 우리는 하나님의 자녀가 되었기 때문입니다. 우리에게 십계명을 허락하신 하나님께 감사합시다.

소 요 리 문 답 43 문

문 십계명의 머리말이 무엇입니까?
답 십계명의 머리말은 "나는 너를 애굽 땅, 종 되었던 집에서 인도하여 낸 네 하나님 여호와니라" 하신 것입니다.

기도
하나님 아버지, 구약 백성을 출애굽시키고 하나님의 백성으로 삼으신 것처럼, 우리를 죄악 가운데서 건져 내어 하나님의 자녀로 삼아 주셔서 감사드립니다. 우리가 하나님의 소유 된 백성으로서 하나님만 섬기며 즐겁게 살 수 있게 도와주세요.

십계명을 왜 지켜야 하나요?

너희가 순종하는 자식처럼 전에 알지 못할 때에 따르던 너희 사욕을 본받지 말고 오직 너희를 부르신 거룩한 이처럼 너희도 모든 행실에 거룩한 자가 되라. 벧전 1:14-15

우리나라에 사는 외국인들이 있습니다. 그들은 자신들이 태어난 나라의 문화와 법에 익숙합니다. 그런데 간혹 한국인 중에서 사랑하는 사람을 만나 결혼하는 경우가 있습니다. 그들은 결혼과 동시에 본래 국적을 버리고 우리나라 사람이 됩니다. 왜일까요? 사랑하는 사람 때문입니다. 그들은 한국 국적을 취득한 순간 우리나라 정부의 보호를 받고, 모든 혜택을 누리며, 우리나라가 정한 법에 따라 삽니다.

하나님의 백성도 마찬가지입니다. 하나님 나라에 속한 백성은 하나님의 사랑 때문에 하나님의 백성이 됩니다. 착하거나 뛰어나기 때문이 아닙니다. 오히려 비참한 상황 가운데 있었던 그들을 하나님이 불쌍히 여기셔서 하나님 나라의 백성으로 삼아 주셨습니다. 하나님의 백성은 그 사랑에 감사해서 하나님이 정하신 법을 순종하고 따라야 합니다.

하나님이 처음으로 십계명을 주신 때는 이스라엘 백성이 애굽의 핍박 가운데 있다가 하나님이 구원해 주신 후 시내산에서였습니다. 하나님은 시내산에서 출애굽한 백성과 언약을 맺으셨습니다. 그 언약은 하나님이 그들의 왕이 되어 주신다는 선언이었습니다.

하나님은 이스라엘의 왕이시며, 동시에 구속자이셨습니다. 하

44

나님이 그들을 구원하시지 않았다면 평생 노예로 살다가 죽을 수도 있었습니다. 이스라엘 백성은 이제 하나님을 왕으로 모시고 하나님이 정하신 법을 따라야 했습니다. 바로 이것이 십계명을 지켜야 하는 이유입니다.

하나님은 우리를 구속하셨습니다. 우리는 공중 권세 잡은 자에게 종노릇하는 존재였고, 하나님의 진노 아래 있었습니다. 그러나 하나님이 예수님의 피로 구속하셔서 그분의 친 백성이 되었습니다. 그러므로 우리는 하나님의 말씀을 순종해야 합니다. 이것은 하나님의 백성 된 증거이며 감사 제목입니다. 십계명을 주신 하나님께 감사합시다.

소 요 리 문 답 44 문

문 십계명의 머리말이 우리에게 가르치는 것은 무엇입니까?
답 십계명의 머리말이 우리에게 가르치는 것은 하나님이 여호와, 우리 하나님이시고, 구속자이시므로, 우리가 마땅히 그분의 모든 계명을 지켜야 한다는 것입니다.

기도
하나님 아버지, 우리를 예수님의 피 값으로 사셨으니, 이제 우리는 우리 자신의 것이 아니라 하나님의 것입니다. 우리 자신에게 속한 모든 것이 내 것이라고 생각했다면 용서해 주세요. 그리고 이제 하나님께 받은 모든 것을 청지기로서 잘 관리하며 살 수 있게 도와주세요.

제1계명이 무엇입니까?

너는 나 외에는 다른 신들을 네게 두지 말라. 출 20:3

'원조 감자탕', '원조 추어탕', '원조 닭갈비' 등 '원조'라는 단어가 붙은 음식점이 있습니다. 모두 자신이 원조라고 생각하기에 원조가 참 많습니다. 만약 원조가 있다면, 진짜 원조는 몇 개일까요? 하나입니다. 처음에 생긴 진짜가 매우 좋고 잘되니까 다른 사람들도 '원조'를 붙여서 장사하게 된 것입니다.

원조 음식점이 유일하듯이, 진짜 하나님은 한 분이십니다. 다른 신들은 모두 가짜입니다. 하나님이 주신 십계명에서 제1계명은 "너는 나 외에는 다른 신들을 네게 두지 말라"라는 말씀입니다. '다른 신'이란 말은 하나님과 동등한 능력을 가진 신이 또 있다는 의미가 아닙니다. '다른 신'은 사람이 만들어 낸 신입니다.

성경은 사람이 하나님을 대신해서 섬기는 모든 것을 '우상'이라고 말합니다. 우상은 눈에 보이는 동상뿐만 아니라 탐심도 해당됩니다. 우상은 하나님보다 더 의지하고 가치를 부여해서 추구하는 모든 것입니다. 때로는 자신의 힘을 우상으로 삼기도 합니다. 재물, 쾌락도 우상이 될 수 있습니다.

왜 사람은 우상을 섬길까요? 존 칼빈은 '종교의 씨'라는 말로 설명합니다. '종교의 씨'란 모든 사람에게 있는 종교성을 말합니다. 어떤 문화에도 종교적 행위는 있습니다. 사람은 본래 하나님을 의지하며 살도록 지으심을 받았습니다. 하지만 타락한 이후로 경배해야 할 대상이 하나님이시라는 사실을 알지 못하고 엉뚱한 대상을 숭배하기 시작한 것입니다.

이제 하나님 안에 있는 사람은 하나님을 바로 섬길 수 있습니다. 가끔 죄의 유혹으로 하나님보다 더 사랑하는 대상이 생길 때가 있습니다. 그러면 제1계명의 말씀을 보면서, 하나님보다 의지했던 모든 것을 회개하고 하나님을 바르게 경배하고 찬양해야 합니다. 하나님만 내게 가장 중요한 분이시라고 고백합시다.

소요리문답 45문

문 제1계명이 무엇입니까?
답 제1계명은 "너는 나 외에는 다른 신들을 네게 두지 말라" 하신 것입니다.

기도

하나님 아버지, 오직 한 분 하나님만이 살아 계신 참 신이시라는 사실을 믿습니다. 우리가 다른 그 무엇을 의지하기보다 하나님만 최고로 알고, 섬기고, 예배할 수 있도록 도와주세요.

제1계명이 명하는 것은 무엇입니까?

여호와께 그의 이름에 합당한 영광을 돌리며 거룩한 옷을 입고
여호와께 예배할지어다. 시 29:2

세상에는 많은 신이 있습니다. 우리나라는 오래전부터 조상을 숭배했습니다. 조상이 신입니다. 어떤 시골 마을에 가면 큰 나무를 숭배합니다. 오래된 나무가 신입니다. 인도에서는 소를 신으로 숭배합니다. 일본에는 고양이 신, 강의 신 등 수많은 신이 존재합니다.

이러한 신들은 진짜일까요? 그렇지 않습니다. 실체와 능력이 없고, 인격이 존재하지 않는 신입니다. 진짜 신이 있다면, 오직 한 분이셔야 합니다. 인격적이신 존재로서, 모든 것을 지으시고 운행하시는 신은 오직 하나님 한 분밖에 없습니다.

우리는 한 분 하나님에 대해서 어떤 태도를 가져야 할까요? 하나님은 영원 전부터 계셨습니다. 하나님께는 시작하신 시간이 없습니다. 원래부터 계신 분입니다. 영원 전부터 계셨고, 영화로우신 분입니다. 영광과 은혜가 충만하신 하나님은 하나님의 형상대로 사람을 만드셨습니다.

지으심을 받은 사람은 창조주에 대해서 감사하고 영광을 올려드려야 마땅합니다. 하나님이 우리를 창조하셨기 때문이기도 하지만, 동시에 하나님은 이미 영원 전부터 그 존재가 영화로우셨기 때문입니다. 창조는 이것을 반영한 것일 뿐입니다.

46

우리는 이러한 사실을 우리가 죄인이었을 때는 몰랐습니다. 그러나 하나님이 우리에게 믿음을 주셨을 때 비로소 하나님을 알게 되었고, 우리가 하나님께 지으심을 받았다는 사실을 깨닫게 되었습니다. 그 순간 우리가 보일 수 있는 반응은 하나님을 높여 드리는 것입니다.

하나님을 높여 드리고 영화롭게 하는 행위가 바로 예배입니다. 제1계명은 예배의 대상에 관한 말씀입니다. 하나님을 향한 예배는 가정에서, 일터에서, 교회에서 드릴 수 있습니다. 가정예배를 통해서 하나님을 경배하고, 찬양하고, 합당한 영광을 올려 드립시다.

소요리문답 46 문

문 제1계명이 명하는 것은 무엇입니까?
답 제1계명이 우리에게 명하는 것은 하나님이 유일하고 참되신 하나님이시고 우리의 하나님이심을 알고 인정하며, 그에 합당하게 하나님을 경배하고 영화롭게 하라는 것입니다.

기도
하나님 아버지, 감사합니다. 우리가 하나님을 유일하신 하나님으로 온전히 고백할 수 있도록 확신을 더해 주세요. 오직 하나님께만 전심을 다해 모든 영광과 경배를 올리며 찬양할 수 있게 도와주세요.

제1계명이 금하는 것은 무엇입니까?

이는 그들이 하나님의 진리를 거짓 것으로 바꾸어 피조물을 조물주보다 더 경배하고 섬김이라 주는 곧 영원히 찬송할 이시로다 아멘. 롬 1:25

자녀가 철이 들면 부모님의 은혜에 감사합니다. 낳아서 길러 주신 고마움을 알게 되는 것입니다. 심지어 부모님이 무엇을 기뻐하고 즐거워하는지를 헤아려서 선물을 드리고 감사의 표시를 하기도 합니다. 만약 자녀가 장성했는데도 부모님의 은혜를 모르고 감사하지 않는다면 부모님의 마음이 많이 서운하고 슬플 것입니다.

하나님의 마음도 이와 같습니다. 우리가 하나님을 제대로 경배해야 하나님이 기뻐하시며 영광을 받으십니다. 우리는 하나님을 섬기고 예배할 때 하나님이 무엇을 기뻐하시는지 알아서 행해야 합니다. 그리고 반대로 하나님이 무엇을 싫어하고 금지하시는지를 알아서 그 일을 하지 말아야 합니다.

제1계명은 하나님께 예배할 때 하나님은 살아 계시고 오직 한 분이시라는 사실을 의심하거나 확신하지 못하는 것을 금지하고 있습니다. 하나님을 예배하지만 마음으로 탐심과 욕심이 추구하는 바를 더 중요하게 생각해서 하나님께 간구하거나 하나님을 이용하는 것을 금지합니다. 가톨릭교회처럼 사도의 유물이나 마리아를 숭배하는 일을 금지하고 있습니다.

제1계명은 예배의 대상이 되시는 하나님께만 예배할 것을 말합니다. 하나님은 하나님이 마땅히 받으셔야 할 경배와 영광을 다른 존재에게 돌리는 것을 금지하셨습니다. 하나님을 예배할 때는 오직 하나님 한 분께만 예배해야 합니다. 하나님이 그 무엇보다 가장 존귀하고 영화로운 분이심을 고백합시다.

소요리문답 47문

문 제1계명이 금하는 것은 무엇입니까?
답 제1계명이 금하는 것은 하나님이 참되신 하나님이시고 우리의 하나님이심을 부인하거나 그러한 분으로 경배하지 않거나 영화롭게 하지 않는 것이며, 또한 오직 그분께만 드려야 할 경배와 영광을 다른 자나 다른 것에게 돌리는 것입니다.

기도

하나님 아버지, 우리가 하나님보다 더 중요하게 생각하고 섬긴 것이 있다면 용서해 주세요. 성공과 물질을 하나님보다 높이 섬겼다면 용서하시고, 오직 하나님만이 우리에게 가장 중요하고 가치 있는 분이시라는 사실을 다시 한 번 고백할 수 있게 도와주세요.

제1계명은 무엇을 가르칩니까?

그러나 네가 만일 마음을 돌이켜 듣지 아니하고 유혹을 받아 다른 신들에게 절하고 그를 섬기면 내가 오늘 너희에게 선언하노니 너희가 반드시 망할 것이라 너희가 요단을 건너가서 차지할 땅에서 너희의 날이 길지 못할 것이니라. 신 30:17-18

'매니아'라는 말이 있습니다. 축구 매니아는 모든 관심이 축구에 있습니다. 일상적인 대화에서 많은 주제가 축구입니다. 야구 매니아는 시간이 날 때마다 야구 관련 뉴스를 보고, 야구 관련 제품 사기를 좋아합니다. 취미 생활에 깊이 빠지면 항상 그 대상에 마음을 두게 되어 있습니다.

하나님은 우리의 마음이 하나님께 있기를 원하십니다. 사람의 마음은 크게 두 가지 방향으로 흐릅니다. 하나님을 향하든지, 아니면 나와 관련된 문제를 향하든지, 둘 중 하나입니다. 하나님을 향한 마음이 줄어들면 반드시 나와 관련된 마음이 커집니다. 이 마음이 커질 때 우리의 우상이 될 수 있습니다.

제1계명에서 특히 강조하는 것은 "나 외에는"이라는 말입니다. 이 말은 "내 곁에"로 번역되기도 하고, "나와 나란히"라는 말로도 번역될 수 있습니다. 다시 말하면, 우상은 하나님보다 앞에 두고 간절히 추구하고 바라는 것입니다. 혹은 하나님만큼 좋아하고 가치를 두는 것입니다. 하나님보다 다른 대상을 더 중요하게 생각하고, 가치를 두고, 마음을 둔다면 하나님을 온전히 섬기고 예배한다고 말할 수 없습니다. 하나님은 우리의 온전한 마음을 받기 원하십니다.

48

 우리의 마음이 오직 하나님께 있는지, 아니면 내가 추구하는 대상에 있는지를 아는 방법이 있습니다. 내가 간절히 추구하던 것을 잃어버렸거나 얻지 못했을 때입니다. 만약 하나님을 추구했다면 잠시 실망할 수는 있으나 곧 회복됩니다. 그러나 하나님보다 그 대상을 더 추구했다면 깊은 절망에서 빠져나오기 힘듭니다.

 하나님께 마음을 두지 않고 하나님 외에 다른 것을 더 추구하는 것은 결국 우리의 마음과 신앙을 힘들게 합니다. 하나님을 온전히 섬기고 경배하는 것이 우리의 영혼이 사는 길이며 복된 길입니다. 하나님은 이를 위해 우리에게 제1계명을 주셨습니다.

소요리문답 48문

문 제1계명에서 "나 외에는" 혹은 "내 앞에서"라는 말씀이 우리에게 특별히 가르치는 것은 무엇입니까?

답 제1계명에서 "나 외에는" 혹은 "내 앞에서"라는 말씀이 우리에게 특별히 가르치는 것은 모든 것을 보고 계시는 하나님이 우리가 조금이라도 다른 신을 섬기는 죄를 특히 눈여겨보시고 매우 싫어하신다는 것입니다.

기도

하나님 아버지, 우리가 하나님보다 더 숭배하고 가치 있게 여겨 하나님보다 더 섬기는 것이 잘못이라고 말씀해 주셔서 감사드립니다. 잘못된 길로 나갈 때 깨닫는 마음을 주셔서 하나님만을 더욱 섬기게 도와주세요.

제2계명이 무엇입니까?

너를 위하여 새긴 우상을 만들지 말고 또 위로 하늘에 있는 것이나 아래로 땅에 있는 것이나 땅 아래 물속에 있는 것의 어떤 형상도 만들지 말며 그것들에게 절하지 말며 그것들을 섬기지 말라 나 네 하나님 여호와는 질투하는 하나님인즉 나를 미워하는 자의 죄를 갚되 아버지로부터 아들에게로 삼사 대까지 이르게 하거니와 나를 사랑하고 내 계명을 지키는 자에게는 천 대까지 은혜를 베푸느니라. 출 20:4-6

남자와 여자가 데이트를 할 때 필요한 것이 있습니다. 매너, 즉 상대에 대한 예절입니다. 매너는 상대를 존중하는 방법입니다. 카페에 문을 열고 들어갈 때 가능하면 남자가 문을 열어 주는 것이 매너입니다. 자리에 앉을 때도 의자를 꺼내 주어 여자가 먼저 앉도록 배려하는 것도 매너입니다.

사람에 대해 매너가 필요하듯이, 하나님에 대해서도 매너가 필요합니다. 하나님을 예배할 때 누워서 다리를 꼰 채 예배할 수 없습니다. 혹은 '하나님'이라고 생각하는 동상을 만들어서 예배할 수 없습니다. 예배는 하나님에 대해 기본적인 형식을 갖추어야 합니다. 이 형식은 사람이 고안해 낸 방식이 아닙니다. 우리는 하나님이 정하시고 말씀하신 방법대로 하나님을 예배해야 합니다.

제2계명은 예배하는 방법에 대해서 말합니다. 하나님을 예배할 때는 어떤 형상도 만들지 않아야 합니다. 왜냐하면 하나님은 영이시기 때문입니다. 영이신 하나님은 어떤 모양이나 형상을 가지고 있지 않습니다. 하나님은 어떤 형태로도 표현되실 수 없습니다. 하나님이 형상을 가지신다면 그분은 시간과 공간의 한 지점에 머물러 계셔야 합니다. 그러면 하나님은 우리가 어디에 있든지, 무엇을 하든지 함께하실 수 없습니다.

49

하나님은 우리가 어디에 있든 경배를 받으십니다. 무엇을 하든 경배를 받으십니다. 영으로 존재하시기 때문입니다. 하나님은 보이지 않지만 선택하신 백성과 항상 함께 계시며, 그들을 구원으로 인도하십니다. 하나님이 영으로 함께하심을 감사하고 하나님께 예배합시다.

소요리문답 49문

문 제2계명이 무엇입니까?
답 제2계명은 "너를 위하여 새긴 우상을 만들지 말고 또 위로 하늘에 있는 것이나 아래로 땅에 있는 것이나 땅 아래 물속에 있는 것의 어떤 형상도 만들지 말며 그것들에게 절하지 말며 그것들을 섬기지 말라 나 네 하나님 여호와는 질투하는 하나님인즉 나를 미워하는 자의 죄를 갚되 아버지로부터 아들에게로 삼사 대까지 이르게 하거니와 나를 사랑하고 내 계명을 지키는 자에게는 천 대까지 은혜를 베푸느니라" 하신 것입니다.

기도

하나님 아버지, 우리에게 영으로 계셔서 누구에게, 언제 어디서든지 함께하심을 감사드립니다. 하나님을 형상으로 만드는 잘못을 범하지 않게 하시고, 항상 우리와 함께하시는 하나님께만 경배할 수 있게 도와주세요.

제2계명이 명하는 것은 무엇입니까?

내가 너희에게 명령하는 이 모든 말을 너희는 지켜 행하고
그것에 가감하지 말지니라. 신 12:32

회사에 취업하기 위해서 이력서를 냅니다. 이력서에는 일정한 형식이 있습니다. 지원한 사람에 대해서 알기 위해서입니다. 취업을 위해서 무엇을 준비했는지, 고향은 어디인지, 가족은 누구인지를 알면 그를 이해하게 됩니다. 형식은 내용을 알기 위한 필수 조건입니다.

하나님을 제대로 알려면 하나님을 아는 방법이 필요합니다. 하나님을 예배하는 일은 어떤 순서나 형식 없이 할 수 없습니다. 하나님과 좋은 관계를 가지려면 하나님을 예배하는 방법을 알아야 합니다. 하나님을 예배하는 방법은 하나님이 알려 주셔야 합니다. 우리가 스스로 알 수 없습니다.

하나님을 예배하는 방법은 예배의 규례를 알고 그대로 지키는 것입니다. 구약 시대 예배는 정해진 순서와 절차가 있었습니다. 하나님은 소, 양, 비둘기, 곡식 등 제물에 대해서도 상세히 말씀해 주셨습니다. 이 제물을 감사의 목적, 회개의 목적, 화목의 목적, 서로의 잘못을 용서하고 회복하는 목적 등 어떤 목적으로 드려야 할지도 말씀하셨습니다. 이 예배는 앞으로 오실 예수님에 대한 믿음으로 하나님 앞에 나가 드려졌습니다.

신약 시대에 예수님은 구약 율법의 완성으로 오셨습니다. 이제

50

구약 시대의 예배 방법으로 제사를 드리지 않아도 됩니다. 신약 시대 이후로 드리는 예배는 주일이라는 시간에 하나님에 대한 경배와 찬양, 우리의 죄에 대한 회개, 말씀에 대한 강론 등의 형식으로 이루어져 있습니다. 예배의 형식은 이러한 성경적 근거가 있습니다. 예배드리는 방법은 하나님이 성경을 통해서 알려 주셨습니다.

만약 하나님이 우리에게 예배하는 방법을 알려 주시지 않았다면 우리가 원하는 방식으로 예배를 드렸을 것입니다. 그렇다면 하나님은 예배를 받으시지 않았을 것입니다. 그러므로 하나님이 우리에게 예배의 형식과 방법을 알려 주신 사실에 감사합시다. 그리고 그 방법대로 예배합시다.

소요리문답 50 문

문 제2계명이 명하는 것은 무엇입니까?
답 제2계명이 명하는 것은 하나님이 그분의 말씀에서 정하여 주신 그 모든 경건한 예배와 규례를 받아들이고 행하며 순전하고 온전하게 지키라는 것입니다.

기도

하나님 아버지, 우리가 예배할 때 하나님이 말씀하신 방법으로만 예배할 수 있게 도와주세요. 경배와 찬양과 회개와 말씀과 헌신과 축복의 기도 가운데 예배하게 하셔서 사람이 영광을 받는 것이 아니라 하나님만 영광을 받으실 수 있게 해주세요.

제2계명이 금하는 것은 무엇입니까?

여호와께서 호렙산 불길 중에서 너희에게 말씀하시던 날에 너희가 어떤 형상도 보지 못하였은즉 너희는 깊이 삼가라 그리하여 스스로 부패하여 자기를 위해 어떤 형상대로든지 우상을 새겨 만들지 말라 남자의 형상이든지, 여자의 형상이든지, 땅 위에 있는 어떤 짐승의 형상이든지, 하늘을 나는 날개 가진 어떤 새의 형상이든지, 땅 위에 기는 어떤 곤충의 형상이든지, 땅 아래 물속에 있는 어떤 어족의 형상이든지 만들지 말라. 신 4:15-18

새로운 가전제품을 사면 가전제품을 만든 사람의 의도가 담긴 사용설명서가 첨부되어 있습니다. 복잡한 기기는 사용설명서대로 관리하고 사용해야 오래 쓰고 고장 나지 않습니다. 내가 편한 방법대로 순서 없이 사용하면 금방 망가집니다.

하나님이 예배할 때 금지하신 내용이 있습니다. 그 방법으로 예배하면 하나님이 예배를 받으시지 않을 뿐만 아니라, 하나님의 진노를 사게 됩니다. 제2계명에서 금지하고 있는 중요한 내용은 하나님을 예배할 때 하나님을 표현한 어떤 물건이나 형상을 사용하지 말라는 것입니다.

하나님은 영이시기 때문에 보이지 않고, 우리 가운데 계셔서 말씀하십니다. 그런데 영이신 하나님을 눈에 보이는 형상으로 만들면 사람들이 하나님을 잘못 믿게 만들 수 있습니다. 하나님의 이러한 속성을 잘못 이해해서 하나님을 만들고 예배하면 하나님은 진노하십니다.

또한 하나님은 하나님이 말씀하시지 않은 다른 경전으로 예배하는 것도 금지하셨습니다. 성경 외에 훌륭한 성인의 글이나 신앙인의 글로 예배하는 것도 금하셨습니다. 이것은 로마 가톨릭에서 범하고 있는 잘못입니다. 오직 하나님의 말씀으로만 예배해야 합니다. 하나님의 영감을 받은 저자가 쓴 성경이 하나님의 뜻과 계획을 말해 주기 때문입니다.

우리는 어떤 형상이나 모양을 가지고 하나님을 예배해서는 안 됩니다. 오직 하나님의 말씀으로만 예배해야 합니다. 하나님의 말씀이 진리입니다. 이 진리를 허락하신 하나님께 감사하며 하나님의 말씀만 의지합시다.

소요리문답 51문

문 제2계명이 금하는 것은 무엇입니까?
답 제2계명이 금하는 것은 하나님께 예배를 드릴 때에 형상을 사용하거나 혹은 하나님의 말씀에서 정하여 주지 않은 다른 방법을 조금이라도 사용하는 것입니다.

기도
하나님 아버지, 보이지 않는 영으로 우리와 항상 함께하심을 감사드립니다. 하나님을 대신하는 형상을 의지하지 않게 하시고, 영이신 하나님께 영과 진리로 예배할 수 있도록 도와주세요.

제2계명을 왜 지켜야 하나요?

세계가 다 내게 속하였나니 너희가 내 말을 잘 듣고 내 언약을 지키면
너희는 모든 민족 중에서 내 소유가 되겠고. 출 19:5

집에 손님이 많이 올 경우 이웃집에서 그릇을 빌려 올 때가 있습니다. 그 그릇은 주인이 따로 있기 때문에 깨지거나 금이 가지 않도록 조심스럽게 다루어야 합니다.

하나님은 우주 만물의 주인이십니다. 하나님은 우리를 하나님의 형상대로 지으셨고, 합당하게 경배받기를 원하십니다. 우리가 하나님을 예배해야 하는 중요한 이유는 하나님이 우리의 주인이시기 때문입니다. 자연뿐만 아니라 우리의 몸까지도 나의 것이 아니라 하나님의 것입니다. 우리에게 속한 모든 것이 하나님으로부터 왔습니다. 하나님은 우리의 주권자이십니다. 우리는 이 사실을 항상 인정하고 예배를 통해 고백해야 합니다.

본래 사람은 지으심을 받을 때 하나님을 예배하는 법을 알았습니다. 하지만 타락한 이후로 하나님을 예배하는 법을 잊어버렸습니다. 따라서 잘못된 방법으로 헛된 우상을 통해 예배를 드리게 되었습니다. 하나님은 우리의 주권자이시기 때문에 창조주로서 합당한 예배를 받기 원하십니다. 하나님은 그 방법을 친히 우리에게 말씀으로 알려 주셨습니다. 우리는 예배를 통해서 하나님이 우리의 주권자이며 소유주이심을 알게 됩니다.

하나님은 우리를 지으신 소유주입니다. 우리는 하나님께 속한

자녀이며 백성입니다. 하나님이 우리를 보호하시고, 통치하시고, 우리에게 일어나는 모든 일을 합력해서 선으로 이끌어 가십니다. 그러므로 하나님은 예배를 받으시기에 합당합니다. 예배를 드리면서 하나님께 우리의 고백을 올려 드립시다.

소요리문답 52문

문 제2계명을 지킬 이유로 이어서 말씀하신 것은 무엇입니까?
답 제2계명을 지킬 이유로 이어서 말씀하신 것은 하나님이 우리의 주권자이시고 우리의 소유주이시며, 친히 정하신 대로 경배받기를 열망하신다는 것입니다.

기도

하나님 아버지, 우리의 주권자가 되어 주셔서 감사드립니다. 우리의 주권자로서 우리가 어떻게 하나님을 예배하고 섬겨야 할지에 대해 말씀해 주신 대로 순종할 수 있도록 도와주세요.

제3계명이 무엇입니까?

너는 네 하나님 여호와의 이름을 망령되게 부르지 말라
여호와는 그의 이름을 망령되게 부르는 자를 죄 없다 하지 아니하리라. 출 20:7

    모든 사물은 이름을 가지고 있습니다. 사물의 이름에는 어떤 목적으로 사용되는지, 그 뜻이 담겨 있습니다. 모든 사람에게도 이름이 있습니다. 이름에는 어떤 사람이 되면 좋겠다는 뜻이 담겨 있습니다. 하나님께도 이름이 있습니다. 하나님의 이름은 하나님이 어떤 분이신지를 보여 줍니다.

    하나님의 이름이 사람의 이름과 다른 점이 있습니다. 하나님이 어떻게 일하시고, 어떤 역할을 하시는지를 보여 주기 때문입니다. 하나님은 그 이름대로 일하시며 우리에게 하나님의 존재를 드러내 보여 주십니다. 하나님의 이름은 하나님의 본성을 우리에게 알려 줍니다. 이름 안에 인격과 속성이 담겨 있습니다.

    '전능하신 하나님'이라는 뜻으로 '엘 샤다이'라는 이름이 있습니다. '스스로 계신 분'이라는 뜻으로 '여호와'라는 이름이 있습니다. '거기 계시는 하나님'이라는 뜻으로 '여호와 삼마'라는 이름이 있습니다. 이처럼 하나님의 이름은 하나님이 그 이름대로 어떻게 역사하시고 그 능력을 드러내셨는지를 보여 줍니다.

    하나님의 이름을 부르는 것은 하나님이 이름대로 일하셨다는 고백이며, 이름처럼 역사하실 것에 대한 고백입니다. 이처럼 하나님의 이름은 하나님에 대한 믿음의 고백이기 때문에 하나님의 이름을 함부로 장난스럽게 불러서는 안 됩니다. 이것은 하나님을 모욕하는 일입니다.

하나님은 우리에게 하나님의 존귀한 이름을 부를 수 있도록 허락해 주셨습니다. 우리는 어렵고 힘든 순간에, 고통스럽고 위기에 처한 순간에, 도움의 손길이 필요한 순간에, 슬프고 외로운 순간에 하나님의 이름을 부를 수 있습니다. 하나님의 이름을 부를 수 있게 된 것은 큰 은혜입니다. 하나님의 이름을 경건한 마음으로 부르고, 내 문제에 대해 하나님의 도우심을 구합시다.

소요리문답 53문

문 제3계명이 무엇입니까?
답 제3계명은 "너는 네 하나님 여호와의 이름을 망령되게 부르지 말라 여호와는 그의 이름을 망령되게 부르는 자를 죄 없다 하지 아니하리라" 하신 것입니다.

기도
하나님 아버지, 부족한 우리에게 하나님의 거룩한 이름을 부를 수 있는 특권을 허락해 주셔서 감사드립니다. 어렵고 힘든 순간마다 하나님의 이름을 부르며 도우심을 구할 수 있게 도와주세요.

제3계명이 명하는 것은 무엇입니까?

**여호와께 그의 이름에 합당한 영광을 돌리며
거룩한 옷을 입고 여호와께 예배할지어다. 시 29:2**

존경하는 분이 있을 때 이름 대신 다른 존칭을 쓸 때가 많습니다. '선생님', '교수님', '스승님' 등으로 호칭합니다. 이름을 직접 부르면 실례가 될 것 같기 때문입니다.

하나님의 이름은 존귀하며, 크고 높은 이름입니다. 때로는 두려운 이름이기도 합니다. 구약 시대에 성경을 필사하는 서기관들은 하나님의 이름이 나올 때마다 목욕을 한 후 필사를 했다고 합니다. 성경의 모든 역사는 하나님의 이름이 보여 주는 대로 이루어졌습니다. 성경의 모든 말씀은 하나님의 이름을 통해 구현된 구속의 역사를 보여 줍니다. 하나님의 이름은 우리가 어떤 마음으로 예배하고 하나님께 가까이 나아가야 하는지를 보여 줍니다.

우리는 하나님의 이름을 부를 때 경외하는 마음으로 거룩하게 사용해야 합니다. 그때 하나님이 하나님의 이름대로 우리에게 능력과 은혜를 베풀어 주십니다. 신약성경에서는 예수님의 이름을 부르는 것이 예배로 표현되기도 합니다. 로마서는 예배가 있는 곳이 '예수님의 이름을 부르는 곳'이라고 말합니다. 고린도전서는 성도를 향해서 '예수님의 이름을 부르는 모든 자'라고 이야기합니다.

이처럼 하나님의 이름과 예수님의 이름은 항상 예배와 관련되어 불렸습니다. 존경하는 마음으로 부를 때 찬송과 기도와 말씀이 됩

54

니다. 하나님의 이름을 선포하고 그 이름을 설명하는 것이 설교입니다. 예배에서는 하나님의 이름이 주로 불립니다. 예배는 제3계명이 지켜져야 하는 중요한 자리입니다.

주기도문과 사도신경이 말하는 가장 중요한 이름은 '아버지'입니다. 오늘 함께 기도하며 '아버지'를 포함해서 내가 아는 하나님의 이름을 믿는 마음으로 불러 봅시다.

소요리문답 54 문

문 제3계명이 명하는 것은 무엇입니까?
답 제3계명이 명하는 것은 하나님의 이름과 칭호와 속성과 규례와 말씀과 행사를 존경하는 마음으로 거룩하게 사용하라는 것입니다.

기도

하나님 아버지, 신실하신 하나님을 찬양합니다. 하나님의 이름을 우리에게 말씀을 통해 알려주시고, 알려주신 이름대로 역사해 주셔서 감사드립니다. 하나님의 이름을 더욱 높여드리며 예배하는 가정이 될 수 있게 도와 주세요.

제3계명이 금하는 것은 무엇입니까?

너희는 내 이름으로 거짓 맹세함으로 네 하나님의 이름을 욕되게 하지 말라 나는 여호와이니라. 레 19:12

　상대방의 이름을 잘못 부르면 실례가 됩니다. 누군가가 나의 이름을 가지고 놀린다면 상처를 받습니다. 누구든 이름을 부를 때는 존중하는 마음으로 불러야 합니다. 어린아이라고 하더라도 존중하는 마음으로 이름을 부를 때 아이의 자존감이 올라갑니다.

　하나님의 이름은 하나님이 어떤 분이신지를 나타냅니다. 하나님의 이름을 무시하거나, 함부로 부르거나, 그 이름으로 장난을 치는 것은 하나님에 대한 믿음이 없는 것입니다. 하나님은 영화로운 분이시고, 은혜와 자비가 넘치는 분이시기 때문에 하나님을 부정적으로 부르는 것은 하나님의 진노를 불러일으키게 됩니다.

　특히 하나님의 이름을 자신의 이익이나 욕심을 위해서 이용하는 것은 잘못된 일입니다. 자신의 부정적인 감정을 표현하기 위해서 하나님의 이름을 사용하는 것도 잘못입니다. 하나님의 이름은 존귀합니다.

　하나님의 이름으로 모인 예배에서 우리는 하나님의 이름을 높여야 합니다. 하나님의 이름을 높이는 것은 다 함께 경건한 마음으로 하나님이 하나님의 이름대로 일하심을 바라보는 것입니다. 하나님의 이름이 선포되는 곳에서 모든 사람은 경건하게 예배해야 합니다. 그곳이 어디든 하나님의 말씀을 듣고 순종하는 마음을 가져야 합니다.

우리가 하나님의 이름이 선포되는 자리에 하나님을 경외하고 믿는 마음으로 참석하지 않는다면 하나님 앞에 죄를 짓는 것입니다. 하나님의 이름을 함부로 불렀다면 죄를 지은 것입니다. 이런 죄를 지었다면 함께 회개하는 기도를 합시다. 하나님의 이름의 능력과 권세를 믿고 두려운 마음으로 하나님 앞에 서기를 기도합시다.

소요리문답 55문

문 제3계명이 금하는 것은 무엇입니까?
답 제3계명이 금하는 것은 하나님이 자기를 나타내는 데 쓰시는 것을 모독하거나 잘못 사용하는 것입니다.

기도
하나님 아버지, 우리가 하나님의 이름을 믿음 없이 가벼운 마음으로 불렀다면 용서해 주세요. 하나님의 존귀한 이름을 항상 경외하는 마음으로 부를 수 있게 도와주세요.

제3계명을 왜 지켜야 하나요?

내가 그의 집을 영원토록 심판하겠다고 그에게 말한 것은 그가 아는 죄악 때문이니 이는 그가 자기의 아들들이 저주를 자청하되 금하지 아니하였음이니라. 삼상 3:13

다른 사람의 이름을 도용해서 범죄를 저지르는 경우가 있습니다. 회사 사장이 아닌데 사장으로 사칭해서 은행에서 대출을 받는 경우도 있습니다. 이런 사기 범죄는 법의 처벌을 받게 되어 있습니다.

하나님도 하나님의 이름을 이용하거나 다른 목적으로 사용하는 것을 용납하시지 않습니다. 하나님은 사랑의 하나님이시지만, 동시에 공의의 하나님이십니다. 하나님의 이름을 잘못 사용한 일에 대해서 죄를 물으십니다.

특히 거짓으로 맹세하는 것은 하나님의 이름을 욕되게 하는 것입니다. 지키지도 못할 약속을 하나님의 이름으로 하거나, 남을 속이기 위해서 하나님의 이름으로 맹세하는 것은 범죄입니다. 서원도 마찬가지입니다. 지키지 못할 서원을 하거나 과장된 서원은 하나님의 이름을 욕되게 하는 것입니다.

하나님의 이름을 욕되게 하면 하나님의 진노를 삽니다. 레위기에 따르면, 하나님의 이름을 욕되게 하는 것은 매우 큰 범죄에 속합니다. 만약 이러한 죄를 지은 적이 있다면 회개하고 돌이켜야 합니다. 돌이키지 않으면 하나님이 심판하십니다. 구약성경에 따르면, 하나님은 재앙을 내리시기도 하고, 땅에 기근을 내려서 심판하시기도 했습니다.

제3계명을 생각하면서 혹시 거짓으로 맹세했거나, 지키지 못할 서원을 했거나, 하나님의 이름을 다른 목적으로 이용했다면 회개합시다. 하나님의 이름에 대한 믿음이 없었다면 하나님이 그 이름으로 행하신 모든 말씀을 믿을 수 있는 믿음을 간구하고, 그 이름을 경외하는 마음을 달라고 기도합시다.

소요리문답 56문

문 제3계명을 지킬 이유로 이어서 말씀하신 것은 무엇입니까?
답 제3계명을 지킬 이유로 이어서 말씀하신 것은 이 계명을 범한 자들이 비록 사람의 형벌은 피할 수 있어도, 여호와 우리 하나님의 의로운 심판은 피할 수 없다는 것입니다.

기도
하나님 아버지, 하나님의 이름으로 행하신 모든 기사와 능력을 온전히 믿도록 도와주세요. 하나님의 이름을 경외함으로 부를 수 있게 도와주세요.

제4계명이 무엇입니까?

안식일을 기억하여 거룩하게 지키라. 출 20:8

국가마다 국경일이 있습니다. 우리나라에는 삼일절, 광복절, 한글날 등이 있습니다. 이날은 국가적으로 매우 중요한 날이기 때문에, 그 정신을 기억하고 새기는 의미로 하루를 쉽니다. 개인적으로 중요한 날도 있습니다. 생일이나 결혼기념일은 중요하기 때문에 케이크에 촛불을 켜서 축하합니다. 이처럼 우리는 모든 날 중에서 중요한 날은 모두 기억하고 행사를 합니다.

그러면 하나님이 만드신 날 중에서 가장 중요한 날은 언제일까요? 그날은 주일입니다. 주일은 하나님이 친히 정해 주신 날입니다. 주일은 '주님의 날'이라는 뜻입니다.

주일은 어떻게 시작되었을까요? 하나님은 이 세상의 모든 것을 6일 동안 만드셨습니다. 그리고 7일째 되는 날 쉬셨습니다. 하나님이 7일째 되는 날 쉬셨기 때문에 주일이 생겼습니다. 하나님은 주일을 '여호와의 안식일'이라고 말씀하셨습니다. 성경은 주일에는 하나님이 쉬셨기 때문에 모든 사람과 육축까지도 쉴 것을 말합니다.

주일에는 마음과 몸의 쉼을 얻으면서, 매우 중요한 한 가지를 해야 합니다. 하나님이 주일을 특별히 구별하셨기 때문에, 온전히 쉬면서 하나님께 온전한 마음으로 예배를 드려야 합니다. 그리고

57

주일이 지나고 6일 동안은 최선을 다해서 일해야 합니다. 하나님도 6일 동안 일하셨습니다. 하나님은 우리에게 모범을 보여 주셨습니다.

제1계명은 예배의 대상을, 제2계명은 예배의 방법을, 제3계명은 예배의 태도를, 제4계명은 예배의 시간을 말합니다. 예배의 시간은 하나님이 정하셨습니다. 따라서 우리는 최선을 다해서 주일을 소중하게 여기고 지켜야 합니다.

소요리문답 57 문

문 제4계명이 무엇입니까?
답 제4계명은 "안식일을 기억하여 거룩하게 지키라 엿새 동안은 힘써 네 모든 일을 행할 것이나 일곱째 날은 네 하나님 여호와의 안식일인즉 너나 네 아들이나 네 딸이나 네 남종이나 네 여종이나 네 가축이나 네 문안에 머무는 객이라도 아무 일도 하지 말라 이는 엿새 동안에 나 여호와가 하늘과 땅과 바다와 그 가운데 모든 것을 만들고 일곱째 날에 쉬었음이라 그러므로 나 여호와가 안식일을 복되게 하여 그날을 거룩하게 하였느니라" 하신 것입니다.

기도
하나님 아버지, 우리에게 주일을 허락해 주셔서 감사드립니다. 주님의 날에 말씀과 기도로 하나님을 온전한 마음으로 경배할 수 있게 도와주세요.

제4계명이 명하는 것은 무엇입니까?

너는 이스라엘 자손에게 말하여 이르기를 너희는 나의 안식일을 지키라 이는 나와 너희 사이에 너희 대대의 표징이니 나는 너희를 거룩하게 하는 여호와인 줄 너희가 알게 함이라. 출 31:13

국경일마다 특별한 의미가 있습니다. 광복절은 우리나라가 일본에게 빼앗긴 주권을 다시 찾은 날입니다. 매년 광복절이면 과거를 돌아보면서 우리나라의 독립을 위해 수고하신 분들을 기념하고, '다시는 나라를 빼앗기지 말아야겠다'는 다짐을 하게 됩니다.

그러면 주일은 어떻게 지켜야 할까요? 주일은 하나님이 친히 지정하신 날입니다. 하나님이 모범을 보여 주셨기 때문에 우리는 주님을 따라 주일을 종일토록 거룩하게 지켜야 합니다.

주일을 지키면서 가장 중요하게 생각해야 하는 것은 모든 시간의 주인은 하나님이시라는 사실입니다. 하나님은 어떤 것도 존재하지 않는 가운데서, 즉 무에서 유를 만드셨습니다. 시간과 공간도 창조의 대상이었습니다. 창조로 시간이 생겼습니다. 모든 시간의 주인은 하나님이십니다. 주일은 일주일의 첫 시간입니다. 한 주간이 시작되는 처음 시간에 하나님께 예배하는 것입니다.

우리는 하나님의 은혜로 시간을 누리며 살 수 있게 되었습니다. 주일을 지키는 것은 시간의 주인이 하나님이시라는 고백이며, 일주일을 시작하는 시간을 하나님께 온전히 드리는 것입니다. 예배는 시간의 시작과 끝은 하나님께 있으며, 시간의 주인은 하나님이시라는 고백에서 시작합니다. 그리고 예배 시간을 시작하면서 시간을 섭리하고 이끌어 가시는 하나님의 주권을 인정할 수 있어야 합니다.

주일은 단지 시간이 되어서 예배드리는 날이 아닙니다. 주일에는 하나님을 온전히 경외하는 마음으로 하나님께 예배해야 합니다. 예배를 위해 준비하며, 예배 가운데 하나님이 주실 은혜와 말씀을 기대해야 합니다. 주일에는 몸과 마음의 쉼을 가지면서, 동시에 온전한 마음으로 하나님을 섬기고 예배해야 합니다.

소요리문답 58문

문 제4계명이 명하는 것은 무엇입니까?
답 제4계명이 명하는 것은 하나님이 주님의 말씀으로 정하신 일정한 시간을 하나님께 거룩하게 지키는 것, 곧 이레 중 하루를 종일토록 하나님께 거룩한 안식일로 지키라는 것입니다.

기도
하나님 아버지, 우리에게 주일을 허락해 주셔서 감사드립니다. 허락하신 주일에 몸과 마음이 온전한 쉼을 가져 온전한 마음으로 하나님을 기뻐할 수 있게 도와주세요.

주일은 왜 토요일이 아니고 일요일인가요?

그 주간의 첫날에 우리가 떡을 떼려 하여 모였더니 바울이 이튿날 떠나고자 하여 그들에게 강론할새 말을 밤중까지 계속하매. 행 20:7

구약 시대에는 안식일이 토요일이었습니다. 하나님이 빛을 창조하신 날이 첫째 날인데, 일요일이었습니다. 짐승과 사람을 창조하신 여섯째 날은 금요일이었습니다. 그래서 구약 시대 이스라엘 사람들은 토요일을 안식일로 지켰습니다.

신약 시대에는 안식일이 일요일로 바뀌었습니다. 그 이유는 예수님의 부활을 중심으로 하기 때문입니다. 예수님은 금요일에 돌아가셨습니다. 장사되신 후 토요일에는 무덤에 계셨습니다. 다음 날인 일요일 새벽에 예수님은 부활하셨습니다. 성경은 '안식 후 첫날'에 부활하셨다고 말합니다. 막달라 마리아가 어두울 때 무덤에 가 보니, 무덤을 막고 있던 돌이 옮겨져 있었습니다.

예수님이 부활하신 날은 일요일입니다. 예수님은 이미 오래전부터 죽은 지 3일 만에 부활할 것을 말씀하셨습니다. 예수님이 부활하셨기 때문에 그날이 주일로 바뀌었습니다. 이후로 예수님을 믿는 모든 사람은 지금처럼 일요일을 주일로 지키고 있습니다. 이름도 '안식일'에서 '주일'로 바뀌었습니다. 이렇게 새로운 이름으로 바뀐 이유는 '주의 날'이라고 부르기 때문입니다.

구약 시대에는 일주일의 마지막 날인 토요일을 안식일로 지키며 장차 영원한 안식으로 인도하실 예수님을 바라보았습니다. 예수님은 구약 시대 안식일에 대한 완전한 성취이십니다. 이제 예수님을 통해서 안식에 대한 원래 의미가 실현되었습니다. 이 변화의 핵심은 부활에 있습니다. 부활에 근거해서 신약 시대 주일이 되었습니다.

우리는 주일을 지키고 예배하면서 장차 누리게 될 영원한 안식을 바라보고 소망합니다. 언젠가 우리도 부활한 몸으로 주님을 영원토록 예배하며 찬양하게 될 것입니다. 영원한 안식의 날을 소망합시다.

소요리문답 59문

문 하나님이 이레 중 어느 날을 매주의 안식일로 정하셨습니까?
답 세상의 처음부터 예수님의 부활까지는 매주의 일곱째 날을 안식일로 정하셨고, 그 후부터 세상의 끝 날까지는 매주의 첫째 날을 안식일로 정하셨는데, 이날이 그리스도인의 안식일입니다.

기도

하나님 아버지, 주일을 통해서 영원한 안식을 바라볼 수 있게 도와주셔서 감사드립니다. 주님의 날을 지키며 하나님과 영원한 기쁨 가운데 안식할 날을 소망할 수 있게 도와주세요.

제4계명에서 말하는 '쉼'은 무엇인가요?

일곱째 날은 네 하나님 여호와의 안식일인즉 너나 네 아들이나 네 딸이나 네 남종이나 네 여종이나 네 가축이나 네 문안에 머무는 객이라도 아무 일도 하지 말라.
출 20:10

   교회를 다니지 않는 사람들은 일요일에 자전거를 타거나 등산을 하는 등 취미 생활을 합니다. 가족과 함께 공원에서 놀기도 합니다. 너무 피곤한 사람은 아무 일도 하지 않고 잠만 자기도 합니다. 일요일을 쉬기 위해서 보냅니다.

   모두 일요일에 쉽니다. 우리는 어떻게 하면 일요일에 잘 쉴 수 있을까요? 평소에 하던 일을 멈추어야 합니다. 긴장하고 집중해서 하던 일을 멈추고 몸과 마음이 편안한 상태에서 지내야 합니다. 가장 안전하고 편안한 상태는 하나님 앞에 머물면서 예배하는 것입니다. 예배는 노동이 아닙니다. 예배는 하나님 앞에 엎드려 하나님을 경배하면서 우리의 영혼이 새로운 회복과 힘을 얻는 시간입니다.

   무엇이든지 원래 자리에 있을 때 가장 편안하고 안정된 상태가 됩니다. 사람도 원래 있어야 하는 자리에 있을 때 편안함을 누릴 수 있습니다. 우리의 영혼이 원래 있어야 하는 자리는 하나님 안이었습니다.

   우리는 예배하면서 지난 시간 하나님보다 세상일을 생각했던 마음과 우리 안에 있는 죄의 결과들을 회개하고, 말씀 가운데서 참 평안을 얻어야 합니다. 현대인들은 쉬지만 쉴 줄 모르는 경우가 많습니다. 쉬어야 하지만 머릿속에서는 계속 일 생각이 떠나지 않으며, 취미 활동을 하더라도 경쟁하며 일하듯 합니다.

하나님을 벗어나서는 참된 쉼을 얻을 수 없습니다. 그래서 우리는 주일에 참된 쉼을 얻어야 합니다. 6일 동안 하던 모든 일을 멈추어야 합니다. 몸과 마음이 일을 떠나야 합니다. 우리의 영혼이 원래 머물러 있어야 할 자리에 있어야 합니다. 이것이 참된 쉼을 누리는 길입니다. 참된 쉼은 오직 예수님을 통해 하나님 안에서만 누릴 수 있습니다. 주일을 온전히 지키기 위해 평소에 하던 모든 일에서 떠납시다.

소 요 리 문 답 60 문

문 안식일을 어떻게 거룩하게 지킬 수 있습니까?
답 우리는 그날 종일을 거룩하게 쉬고 다른 날에 정당한 세상일과 오락까지도 쉬고, 또한 그 모든 시간을 하나님께 공적으로나 개인적으로 예배드리는 데에 사용함으로써 안식일을 거룩하게 지킵니다. 다만 불가피한 일과 자비를 베푸는 일은 행할 수 있습니다.

기도

하나님 아버지, 주일을 지키면서 오직 말씀과 기도와 쉼에 전념할 수 있게 도와주세요. 6일 동안의 일에서 몸과 마음이 떠나 하나님 안에서 참 평안과 쉼을 얻게 해주세요.

제4계명이 금하는 것은 무엇입니까?

이외에도 그들이 내게 행한 것이 있나니
당일에 내 성소를 더럽히며 내 안식일을 범하였도다. 겔 23:38

    누구나 24시간을 삽니다. 20시간을 살지 않습니다. 같은 24시간을 살더라도 시간을 어떻게 관리하느냐에 따라서 삶의 방향과 질이 달라질 수 있습니다. 그래서 시간 관리에 대한 많은 책과 강의가 있습니다.

    우리는 주일에 시간을 어떻게 관리해야 할까요? 하나님이 하지 말라고 명하신 일을 하지 않아야 합니다. 제4계명은 긍정적인 측면에서도 명령하지만, 부정적인 측면에서도 명령합니다. 예배에 소홀하거나 부주의하게 예배하는 것을 금지합니다.

    우리는 주일에 나태하거나 게으르게 지내지 않아야 합니다. 6일 동안 하던 일을 이어서 하거나 관련된 일을 하지 말아야 합니다. 생각까지도 일에서 자유로워야 합니다. 주일에는 죄악된 행동을 하거나 범죄하지 말아야 합니다. 예배하고 하나님을 아는 것 외에는 다른 불필요한 생각이나 일들을 하지 말아야 합니다. 주일을 온전히 지키지 못하면 주일을 더럽히는 결과를 낳습니다.

    구약의 안식일이 옛전 창조를 기념한다면, 신약의 안식일, 즉 주일은 새로운 창조를 기념합니다. 새 창조를 기념하는 주일에는 예수님의 은혜를 기억하고 감사해야 합니다. 예수님 안에서 새로운 피조물이 된 것을 기념하고 기뻐해야 합니다. 이렇게 주일을

61

지키지 않고 헛되이 시간을 보내는 것은 주일을 온전히 지키지 못하는 것입니다.

우리는 주일에 시간을 어떻게 보낼지 계획해야 합니다. 마음과 몸의 쉼을 위한 계획뿐 아니라, 예배하며 말씀과 기도로 주일을 어떻게 보낼지를 생각하고 미리 준비해야 합니다. 그렇지 않으면 주일 예배와 주일의 삶이 분리될 수 있습니다. 주일은 경건하게 보내야 합니다.

소요리문답 61문

문 제4계명이 금하는 것은 무엇입니까?
답 제4계명이 금하는 것은 명하신 의무를 이행하지 않거나 부주의하게 이행하는 것이며, 게으르거나 그 자체로 죄악된 일을 하거나 또는 세상일과 오락에 관련된 불필요한 생각과 말과 일을 함으로써 그날을 더럽히는 것입니다.

기도
하나님 아버지, 주일에는 6일 동안에 하던 일에서 온전히 떠날 수 있게 도와주세요. 하나님만 생각하며 세상의 근심과 걱정에서도 떠나게 해주세요.

안식일의 주인은 누구인가요?

엿새 동안은 힘써 네 모든 일을 행할 것이나. 출 20:9

아이가 집안일을 도울 때가 있습니다. 설거지를 돕기도 하고, 신발 정리도 합니다. 빨래를 개기도 하고, 청소도 합니다. 부모는 집안일을 돕는 아이에게 용돈을 줍니다. 그런데 마치 아르바이트생처럼 시간당 비용을 미리 계약해 두고 주는 것이 아닙니다. 부모를 돕는 모습이 예쁘고 기특해서 주는 것입니다. 이처럼 하나님은 우리가 주일을 소중히 여겨 6일 동안 열심히 일하는 것을 기뻐하십니다.

어떤 사람들은 주일에도 일을 하려고 합니다. 주일에 일하지 않거나 공부를 열심히 하지 않으면 수입이 줄거나 성적이 하락할 것이라며 불안해합니다. 그렇지 않습니다. 하나님은 안식일의 주인이시기 때문에, 6일 동안 열심히 일하고 주일에 온전히 쉬더라도 모든 일을 책임져 주십니다.

구약 시대에 만나는 6일 동안 내렸습니다. 7일째에는 내리지 않았습니다. 그러면 이스라엘 백성은 7일째에는 무엇을 먹었을까요? 6일째 날에는 만나가 이틀 분량이 내렸습니다. 원래 만나는 하루가 지나면 썩어서 먹을 수 없었습니다. 그러나 6일째에 내린 만나는 썩지 않았습니다. 7일째에 먹어야 할 음식에 대해서는 하나님이 책임져 주신다는 뜻입니다.

62

우리가 6일 동안 열심히 일하는 이유는 주일을 잘 지키기 위해서입니다. 6일과 주일은 분리된 날이 아닙니다. 주일에 쉰다고 불안할 필요가 없습니다. 주님의 날을 소중하게 여기고 예배하면 하나님이 모든 일상의 일을 책임져 주십니다. 우리의 모든 날에 복을 허락해 주십니다. 이 믿음을 가지고 주일을 거룩하게, 온전히 지킵시다.

소요리문답 62문

문 제4계명을 지킬 이유로 이어서 말씀하신 것은 무엇입니까?
답 제4계명을 지킬 이유로 이어서 말씀하신 것은 우리 자신의 일을 하도록 엿새를 허락하여 주셨고, 제7일을 주님의 특별한 소유로 주장하셨고, 친히 모범을 보여 주셨고, 안식일을 복 주신 것입니다.

기도
하나님 아버지, 주일에 예배를 드리고 한 주간을 시작하면서 6일 동안 일할 때 하나님의 섭리와 인도를 믿고 기대할 수 있도록 도와주세요. 6일 동안 최선을 다해 일할 때 하나님이 이끄시는 은혜를 깨닫도록 도와주세요.

제5계명이 무엇입니까?

**네 부모를 공경하라 그리하면 네 하나님 여호와가
네게 준 땅에서 네 생명이 길리라. 출 20:12**

　세상에는 사람과의 관계에 질서가 있습니다. 윗사람과 아랫사람, 선배와 후배, 선생님과 학생이 있습니다. 아랫사람은 윗사람을 존경해야 합니다. 자녀는 부모를 존경하고 섬겨야 합니다. 모든 사람과의 관계에서 질서가 잘 유지되어야 이 세상도 질서 있게 유지됩니다.

　사람과의 관계에서 질서는 어떻게 생겨났을까요? 누가 이런 질서를 주셨을까요? 하나님이십니다. 사람과의 관계에서 질서는 하나님이 어떤 분이신지를 보여 줍니다. 하나님은 질서의 하나님이십니다. 무질서하시지 않습니다. 순서와 권위를 만드셨습니다.

　왜 이런 권위가 필요할까요? 이 세상이 유지되기 위해서입니다. 하나님은 창조하시되, 예쁘고 아름답게만 창조하시지 않고 질서와 순서에 따라 움직이게 하셨습니다. 이를 위해서는 하나님이 주신 권위가 필요합니다. 권위가 없으면 세상이 무질서해지고 유지되기 힘들 수 있습니다. 아랫사람이 윗사람을 무시할 수도 있습니다. 자녀가 부모에게 버릇없이 대할 수도 있습니다. 그래서 하나님은 이 세상에 대한 말씀으로, 제5계명에서 권위에 대해 이야기하셨습니다.

　제5계명이 말하는 '부모'는 육신의 부모뿐만 아니라 이 세상의 모든 권위를 의미합니다. 성경은 선지자나 왕을 '아버지'로 표현하는 경우가 있습니다. 이 말은 권위를 가진 모든 사람에 대한 또 다른 표현입니다.

혹시 선생님이나 부모님이나 세상의 권위를 얼마나 소중히 여겼는지 돌아보십시오. 만약 자녀를 돌보는 부모에 대해서 나쁜 마음을 가졌다면 하나님 앞에서 회개하고 권위를 다시 인정해야 합니다. 나에게 잘해 주시는 선생님을 뒤에서 비난했다면 회개하고 권위를 받아들여야 합니다. 모든 권위를 하나님이 주셨기 때문입니다.

소요리문답 63문

문 제5계명이 무엇입니까?
답 제5계명은 "네 부모를 공경하라 그리하면 네 하나님 여호와가 네게 준 땅에서 네 생명이 길리라" 하신 것입니다.

기도

하나님 아버지, 세상의 모든 질서와 권위를 허락해 주셔서 감사드립니다. 하나님이 허락하신 부모의 권위뿐만 아니라, 세우신 모든 권위를 더욱 존중하는 마음을 허락해 주세요.

제5계명이 명하는 것은 무엇입니까?

각 사람은 위에 있는 권세들에게 복종하라 권세는 하나님으로부터 나지 않음이 없나니 모든 권세는 다 하나님께서 정하신 바라. 롬 13:1

　사람을 만나면 기본적으로 존중하는 태도가 필요합니다. 이것을 '매너'라고 합니다. 매너란 상대를 생각해 기분 상하지 않게 말하고 존중하는 태도로 행동하는 것입니다. 아랫사람은 윗사람에 대한 매너가 있어야 하고, 윗사람은 아랫사람에 대한 매너가 있어야 합니다. 매너는 모든 관계에서 기본적이고 중요한 태도입니다.

　왜 다른 사람을 존중하는 매너가 필요할까요? 일반적으로, 우리가 사람을 존중해야 하는 이유는 인권이 있기 때문이라고 합니다. 그러면 인권은 어디서 왔을까요? 세상의 학문은 더 이상 설명할 수 없습니다.

　성경은 모든 사람이 존중받고, 서로 존중해야 하는 중요한 이유는 하나님의 형상으로 지으심을 받았기 때문이라고 말합니다. 그래서 나이 차이가 많이 나더라도, 성별이 다르더라도 서로를 존중해야 합니다.

　성경은 자녀라도 함부로 대하지 말고 노엽게 하지 말라고 명령합니다. 자녀는 소유물이 아니라 하나님의 형상이기 때문입니다. 예수님도 당시에 무시당하던 아이들에 대해서 "천국은 이와 같은 자들의 것이다"라고 말씀하셨습니다. 우리말에서 '어린이'의 뜻은 '어리신 이'를 의미합니다. 매우 존중하는 표현을 사용한 것입니다.

부부라고 하더라도 남자가 더 우월한 존재가 아닙니다. 하나님의 형상으로 동일하게 지으심을 받았습니다. 단지 지으심을 받은 순서만 다를 뿐입니다. 하나님이 가정을 만드실 때의 질서와 순서에 따라 가정의 대표자가 필요합니다.

모든 사람은 존중받아야 합니다. 각 사람의 명예를 소중하게 여겨 주어야 합니다. 모두가 하나님의 형상으로 지으심을 받았기 때문입니다. 하나님의 형상인 사람을 존중하지 않았거나, 무시했거나, 상처를 입혔다면 제5계명을 어긴 것입니다. 회개하고 용서를 구합시다.

소요리문답 64문

문 제5계명이 명하는 것은 무엇입니까?
답 제5계명이 명하는 것은 윗사람과 아랫사람, 그리고 동료와 같은, 각각의 여러 지위와 인간관계에서 각 사람의 명예를 존중하고 각 사람에 대한 의무를 수행하라는 것입니다.

기도
하나님 아버지, 우리에게 가족과 이웃을 허락해 주셔서 감사드립니다. 하나님의 형상으로 지으심을 받은 존재임을 기억하며 존중하고 소중히 여길 수 있도록 도와주세요.

제5계명이 금하는 것은 무엇입니까?

하나님이 이르셨으되 네 부모를 공경하라 하시고 또 아버지나 어머니를 비방하는 자는 반드시 죽임을 당하리라 하셨거늘 너희는 이르되 누구든지 아버지에게나 어머니에게 말하기를 내가 드려 유익하게 할 것이 하나님께 드림이 되었다고 하기만 하면 그 부모를 공경할 것이 없다 하여 너희의 전통으로 하나님의 말씀을 폐하는도다.
마 15:4-6

요즘 연예인들은 자신을 비방하는 인터넷 댓글에 시달립니다. '악플'이라고도 하는 댓글은 한 사람의 존엄성을 무너뜨리고, 상처를 내며, 깊은 좌절감을 겪게 만듭니다.

모든 사람은 존중받아야 합니다. 하나님의 형상으로 지으심을 받았기 때문입니다. 이처럼 사람에 대해서 매너를 갖추고 인격적으로 대하는 것은 하나님에 대한 믿음과도 관련이 있습니다. 참 믿음은 모든 창조가 하나님의 능력으로 되었음을 받아들이기 때문입니다. 만약 피부색이 다르다는 이유로 사람을 무시하거나 아이와 여자라는 이유로 함부로 말하고 대한다면 하나님의 형상에 대한 믿음이 부족한 것입니다.

우리나라에 점점 외국인들이 많아지고 있습니다. 어느 나라에서 온 외국인이든지 존중해야 합니다. 그들도 하나님의 형상으로 지으심을 받은 존재이기 때문입니다. 못사는 나라에서 왔다고 부당하게 대우해서는 안 됩니다. 몸이 불편한 장애인들도 하나님의 형상으로 지으심을 받은 사람들입니다. 비웃거나 욕해서는 안 됩니다.

보이는 모습뿐만 아니라, 보이지 않는 모습으로도 비난하지 않아야 합니다. 생각이 다르고, 의견 차이가 있을 수 있습니다. 어떤 주제에 대해서 다른 시각을 가질 수도 있습니다. 다른 생각, 다른 판단도 존중해야 합니다.

제5계명은 다른 사람을 존중하지 않거나 무시하는 말과 행동을 주의하라는 의미도 담고 있습니다. 많은 갈등의 원인 중에 하나가 서로의 생각과 모습을 존중하지 않는 것입니다. 다양한 차이로 인해 갈등이 있을 때 서로를 존중할 수 있는 마음을 달라고 기도합시다.

소요리문답 65 문

문 제5계명이 금하는 것은 무엇입니까?
답 제5계명이 금하는 것은 각각의 여러 지위와 인간관계에서 각 사람의 명예를 존중하지 않고 각 사람에 대한 의무 수행하기를 소홀히 하거나 거스르는 것입니다.

기도
하나님 아버지, 우리가 부지중에라도 무시하거나 존중하지 않는 태도로 다른 사람을 대했다면 용서해 주세요. 생각과 모습이 다르더라도 존중하고 사랑하는 마음을 허락해 주세요.

제5계명을 왜 지켜야 하나요?

네 아버지와 어머니를 공경하라. 이것이 약속이 있는 첫 계명이니
이로써 네가 잘 되고 땅에서 장수하리라. 엡 6:2-3

부모는 아이에게 해서는 안 되는 일과 꼭 해야 하는 일을 가르칩니다. 아이가 가르침을 잘 따르면 부모는 기뻐합니다. 부모가 중요하게 여기는 내용을 잘 따랐기 때문입니다. 이처럼 부모의 말을 잘 따르기 위해서는 부모의 존재 자체가 중요하다는 사실을 인정하는 자세가 필요합니다.

하나님도 우리가 하나님의 말씀에 순종할 때 기뻐하십니다. 순종하기 위해서는 하나님의 권위를 인정해야 합니다. 하나님의 존재를 중요하게 생각하고, 하나님이 하신 일에 대한 경외함과 약속을 실행하실 것이라는 믿음을 가질 때 우리는 하나님의 권위를 인정하게 됩니다. 하나님의 권위를 인정할 때 하나님의 모든 말씀을 최고의 가치로 여기고, 그 말씀대로 살려는 의지가 생깁니다.

제5계명은 권위에 대한 말씀으로서, 세상의 모든 권위가 하나님에게서 나왔다는 사실을 알려 줍니다. 하나님의 권위를 인정할 때 다른 사람의 권위도 인정할 수 있게 됩니다. 하나님은 그때 장수의 복과 번영의 복을 주겠다고 약속하셨습니다. 이것은 복을 받기 위한 조건이 아니라, 제5계명을 인정하고 지킬 때 하나님이 주시는 응답이며 열매입니다.

예수님은 제5계명에 대한 순종을 친히 모범으로 보여 주셨습니

다. 예수님은 철저하게 하나님의 권위를 인정하셨습니다. 마지막 순간, 고난의 잔을 피하고 싶었으나 아버지의 뜻에 순종하셨습니다. 하나님의 말씀에 순종하신 예수님은 십자가 고난을 이기고 부활하셔서 하나님 우편에 앉으셨습니다. 우리에게 구원의 길을 열어 주셨습니다. 누구든지 예수님을 믿는 자는 영원한 생명을 얻는 복을 허락해 주셨습니다.

하나님에 대한 권위를 인정하고 하나님을 경외합시다. 그리고 부모님과 윗사람의 권위를 인정합시다.

소 요 리 문 답 66 문

문 제5계명을 지킬 이유로 이어서 말씀하신 것은 무엇입니까?
답 제5계명을 지킬 이유로 이어서 말씀하신 것은 이 계명을 지키는 모든 사람이 장수하고 번영하리라는 약속입니다. 다만 하나님께 영광이 되고 그들에게 선이 되는 한, 그렇습니다.

기도
하나님 아버지, 우리가 하나님이 세우신 권위를 인정하고 존중할 때 번영과 장수의 복을 더해 주셔서 감사드립니다. 부모님뿐만 아니라 우리가 속한 모든 공동체의 권위를 존중할 때 하나님의 복을 누릴 수 있게 도와주세요.

제6계명이 무엇입니까?

살인하지 말라. 출 20:13

여름에 물놀이를 하다가 물에 빠져 허우적대는 사람이 있습니다. 이 위급한 모습을 본 사람이 서둘러 119에 신고하면 곧 구조 대원이 나타나서 구해 줍니다. 왜 사람들은 물에 빠져 죽어 가는 사람을 내버려두지 않을까요? 생명이 소중하다는 것을 알기 때문입니다.

생명을 지키려는 마음은 누가 가르쳐 주지 않아도 모든 사람이 가지고 있습니다. 하나님이 사람을 지으실 때 주신 마음이기 때문입니다. 하나님이 모든 사람에게 양심을 주신 것과 마찬가지입니다. 하나님은 사람을 만드실 때 흙으로 빚으시고 생명을 불어 넣어 주셨습니다. 하나님이 생명의 주인이십니다.

제6계명은 살인하지 말라는 말씀입니다. 이 계명은 살인이라는 문제뿐만 아니라, 좀 더 폭넓은 의미를 담고 있습니다. 이 말씀은 생명에 관한 말씀으로서, 생명의 주인은 하나님이시기 때문에 생명을 소중하게 여기라는 의미입니다.

생명을 소중하게 여기는 것은 죽이지 않는 것뿐만 아니라, 소중히 여기라는 뜻입니다. 성경은 말로 상처를 주고, 욕을 하고, 낙담시키는 일에 관해서 "살인하지 말라"는 계명을 어긴 것과 똑같이 심판을 받게 될 것이라고 말합니다. 또한 예수님의 사역은 생명을 살리는 일이었습니다. 예수님은 죽은 자를 일으키시고, 병든 자를 고쳐 주셨습니다.

혹시 우리가 다른 사람을 미워하고 분한 마음에 악한 말을 했다면 제6계명을 어긴 것입니다. "살인하지 말라"라는 계명은 시기하거나, 험담하거나, 다른 사람의 마음에 상처와 고통을 주는 것까지 포함합니다. 가정에서 서로에게 상처 되는 말이나 비난이나 낙담시키는 말을 했다면 하나님께 회개하고, 서로 용서하며, 생명을 소중히 여기는 가정이 될 수 있게 해달라고 기도합시다.

소요리문답 67 문

문 제6계명이 무엇입니까?
답 제6계명은 "살인하지 말라" 하신 것입니다.

기도

하나님 아버지, 제6계명의 말씀을 우리에게 주셔서 다른 사람에 대한 미움이나 상처나 시기가 없는지 살피게 하심을 감사드립니다. 하나님이 생명을 주셨으므로 우리도 다른 사람의 생명을 존중하는 마음으로 미워하거나 상처를 주지 않도록 인도해 주세요.

제6계명을 어떻게 잘 지킬 수 있나요?

가난한 자와 고아를 위하여 판단하며 곤란한 자와 빈궁한 자에게 공의를 베풀지
며 가난한 자와 궁핍한 자를 구원하여 악인들의 손에서 건질지니라 하시는도다.
시 82:3-4

큰 사건은 모두 작은 원인에서 시작됩니다. 큰 산불도 작은 불씨에서 시작되고, 큰 싸움도 사소한 문제에서 시작될 때가 많습니다. 부주의한 말 한마디가 마음에 깊은 상처를 주기도 합니다.

제6계명의 "살인하지 말라"라는 계명은 생명에 관한 말씀입니다. 이 말씀은 성경에서 다른 사람의 생명과 관련된 작고 사소한 부분까지 적용하고 있습니다. 예수님은 형제에게 욕을 한 사람은 살인한 것과 같은 심판을 받게 될 것이라고 말씀하셨습니다. 형제자매를 미워하고, 시기하고, 합당한 이유 없이 분노하는 것까지도 제6계명과 관련된 것이라고 예수님은 말씀하셨습니다.

예수님은 왜 제6계명과 직접 관련이 없어 보이는 미움과 시기의 문제까지 말씀하신 것일까요? 살인에 기여하는 모든 원인을 제거하시기 위해서입니다. 가인의 살인은 어느 날 갑자기 이유도 없이 일어나지 않았습니다. 하나님이 자신의 제사를 받으시지 않고, 동생의 제사만 받으신 사실에 격분했던 것입니다. 시기와 부적절한 이유로 인한 분노가 결국 살인이라는 결과를 낳았던 것입니다. 생명은 매우 소중하기 때문에, 예수님은 살인에 관한 간접적인 원인까지도 살인으로 말씀하신 것입니다.

또한 제6계명은 단지 살인을 하지 않았다는 이유만으로 하나

님의 말씀을 다 지켰다고 생각한 당시 유대인들의 '보여 주기'식의 신앙생활에 관한 말씀이기도 합니다. 제6계명에 담긴 원래 정신을 잘 이해해야 하나님의 말씀을 지키는 것입니다. 다른 사람의 생명을 존중한다면 마음과 정서까지도 고려한 사랑이 있어야 하는 것입니다.

모든 관계에서 큰 사건은 작은 일에서 시작됩니다. 사소한 일들이 모여서 관계를 어렵게 만들기도 하고, 돌이킬 수 없는 상황이 되기도 합니다. 서로를 작은 부분에서도 존중하고 섬기는 가정이 될 수 있도록 기도합시다.

소요리문답 68문

문 제6계명이 명하는 것은 무엇입니까?
답 제6계명이 명하는 것은 모든 정당한 노력을 기울여 자기 자신의 생명과 다른 사람의 생명을 보존하라는 것입니다.

기도
하나님 아버지, 사소한 일부터 다른 사람을 이해하고 존중하는 마음을 허락해 주세요. 우리는 연약해서 쉽게 상처를 주고받습니다. 사랑 안에서 하나가 될 수 있게 도와주세요.

제6계명이 금하는 것은 무엇입니까?

그 형제를 미워하는 자마다 살인하는 자니 살인하는 자마다 영생이 그 속에 거하지 아니하는 것을 너희가 아는 바라. 요일 3:15

우리나라는 현재 자살률이 11년째 OECD 국가 중에서 1위입니다. 통계청에 따르면, 2시간마다 3명씩 자살하고 있습니다. 많은 사람이 스스로 자신의 생을 마감하는 안타까운 일들이 벌어지고 있습니다.

제6계명 "살인하지 말라"라는 계명은 타인의 생명뿐만 아니라 자신의 생명도 소중하게 여길 것을 말합니다. 따라서 극단적인 생각은 제6계명을 어기는 것에 해당됩니다.

왜 사람들은 자신의 생명을 함부로 다룰까요? 많은 이유가 있겠지만, 마음의 고통에서 시작되는 경우가 많습니다. 태어나면서부터 자살을 생각하는 사람은 없습니다. 자신의 의도와 상관없이 어려운 환경에서 자라거나, 깊은 상처를 지속적으로 받게 되면 더 이상 견딜 힘이 없어 생을 포기하고 싶어지는 경우가 있습니다. 제6계명에서 금하고 있는 분노와 시기와 미움과 상처 되는 말이 계속될 때 매우 힘든 상황에 놓일 수 있습니다.

또한 제6계명과 관련해 최근에 일어나는 문제는 낙태와 불의한 권력으로 타인의 목숨을 빼앗는 일입니다. 제6계명은 하나님이 성도에게 주신 특별한 말씀이면서, 모든 사람이 따라야 할 규범이기도 합니다.

69

우리 사회를 보면서, 생명을 소중히 여기지 않아서 일어나는 문제가 매우 많다는 사실을 기억합시다. 하나님을 알지 못할 때 생명의 가치를 더 가볍게 여기게 됩니다. 하나님 안에 있는 우리는 생명을 가볍게 여기는 세속 문화를 경계하며, 생명을 존중하는 일을 실천해야 합니다.

소요리문답 69문

문 제6계명이 금하는 것은 무엇입니까?
답 제6계명이 금하는 것은 자기 자신의 생명이나 이웃의 생명을 불의하게 빼앗거나 죽음으로 이끄는 모든 것입니다.

기도

하나님 아버지, 이 시대를 불쌍히 여겨 주세요. 하나님의 형상으로 지으심을 받았다는 사실을 깨닫지 못해 자신의 생명과 다른 사람의 생명을 소중히 여기지 않아 많은 고통과 아픔이 있습니다. 이 시대가 하나님 안에서 생명의 소중함을 알아 갈 수 있게 도와주세요.

제7계명이 무엇입니까?

간음하지 말라. 출 20:14

　세상에는 남성과 여성, 두 가지 성이 있습니다. 남자와 여자는 생김새가 구별되고, 몸의 구조도 다릅니다. 성격도 차이가 있고, 기질적인 차이도 있습니다. 말투도 많이 다릅니다.

　하나님은 왜 사람을 남성과 여성으로 만드셨을까요? 생육하고 번성해서 하나님 나라를 이루시기 위해서입니다. 이를 위해서는 성이 필요하고, 성을 통해서 생명이 태어나야 합니다. 그래서 가정이 필요합니다.

　이 세상에 태어난 생명은 스스로 자라기 어렵습니다. 남성인 아버지와 여성인 어머니의 사랑과 돌봄이 필요합니다. 아이에게 아버지와 어머니의 역할은 중요합니다. 남자아이는 아버지를 보며 남성에 대해서 배우고, 여자아이는 어머니를 보며 여성에 대해서 배웁니다. 아이는 부모의 역할을 보고 자라면서 또 다른 생명을 돌볼 수 있는 성인이 됩니다.

　제7계명은 "간음하지 말라"라는 계명입니다. 이 계명은 생명을 어떻게 보존하고 자라게 할 수 있는지에 대해 말합니다. 성은 곧 생명입니다. 성은 결혼한 사람들에게만 허락된 놀라운 하나님의 복입니다. 제7계명이 말하는 생명은 가정에서 소중하게 보존되고 가꾸어질 수 있습니다. 가정이 없이는 어떤 생명도 자라기 힘듭니다.

70

　가정을 파괴하는 가장 큰 원인이 생긴다면, 그것은 바로 성적인 타락입니다. 부부에게만 허락된 성을 단순한 쾌락을 위해서만 사용한다든지, 돈을 위해서 이용한다면 가정이 무너질 뿐만 아니라 생명을 잘 보존할 수 있는 조건이 만들어지지 않습니다.

　"간음하지 말라"라는 말씀은 생명을 잉태하고 보존하는 부부의 성을 소중히 여기라는 의미입니다. 오직 부부 안에서만 성을 누리고, 부부의 사랑과 화목을 잘 지킬 수 있도록 기도합시다.

소요리문답 70문

문 제7계명이 무엇입니까?
답 제7계명은 "간음하지 말라" 하신 것입니다.

기도
하나님 아버지, 우리에게 생명을 잉태하고 양육할 수 있는 성을 허락해 주심을 감사드립니다. 우리 가정에 허락하신 성이 부부 안에서 아름답게 가꾸어질 수 있도록 인도해 주세요.

제7계명이 명하는 것은 무엇입니까?

나는 너희에게 이르노니 음욕을 품고 여자를 보는 자마다
마음에 이미 간음하였느니라. 마 5:28

　남자와 여자가 서로 사랑하면 결혼을 합니다. 결혼하기 전에 대부분 남자가 먼저 결혼을 제안합니다. 이 말을 들은 여자가 진지하게 생각한 후에 동의할 때 결혼이 이루어집니다. 보통 결혼은 남자와 여자의 동의와 결정으로 이루어진다고 말합니다.

　성경은 결혼에 대해서 어떻게 말할까요? 결혼은 남자와 여자의 동의로 결정되는 것이 아니라, 그 이전에 하나님이 짝 지어 주심으로 시작된다고 말합니다. 아담과 하와가 스스로 만난 것이 아니라 하나님이 짝 지어 주셨다고 말하고 있기 때문입니다. 믿음을 가진 사람에게 결혼은 하나님에게서 시작됩니다. 예수님은 부부는 하나님이 짝 지어 주셨기 때문에 나누지 못한다고 말씀하셨습니다.

　성경은 두 사람이 결혼으로 한 몸이 되었다고 말합니다. 남자와 여자가 합하여 한 몸이 됩니다. 남자와 남자도 아니고, 여자와 여자도 아닙니다. 가정은 동성이 아니라 반드시 이성이 만나서 이루어야 합니다. 한 남자와 한 여자 사이에서만 결혼이 가능합니다. 이렇게 이루어진 결혼은 한 몸입니다.

　제7계명은 가정을 이루기 위한 결혼을 말하며, 결혼이 온전하고 거룩하게 유지되기 위한 성적인 순결에 대해서 말하고 있습니

다. 성은 오직 한 사람만을 위해서 지켜져야 합니다. 순결은 결혼 전이나 결혼 후에도 동일합니다. 순결은 행동뿐만 아니라 마음가짐이나 언어에까지 적용되어야 합니다. 결혼을 통한 건강한 가정은 성적인 순결 위에 세워질 수 있습니다. 이것은 가정을 넘어서서 국가와 사회 질서를 위해서도 중요합니다. 모든 사회 질서의 근간이 되는 것이 성적인 순결입니다.

가정이 건강해야 신앙도 건강해집니다. 부부는 항상 하나님 안에서 마음과 몸이 하나를 이루어야 합니다. 성인이 되어 가는 자녀들도 성에 있어서 순결해야 합니다. 부부가 하나님 안에서 온전히 하나 될 수 있도록, 자녀들이 결혼하기까지 순결할 수 있도록 기도합시다.

소요리문답 71문

문 제7계명이 명하는 것은 무엇입니까?
답 제7계명이 명하는 것은 마음과 말과 행동에서 자기 자신과 이웃의 순결을 보존하라는 것입니다.

기도
하나님 아버지, 우리에게 주신 선물인 성이 오직 가정을 이루는 데 사용되고, 가정 안에서만 사용될 수 있도록 인도해 주세요. 자녀들도 좋은 가정을 이룰 때까지 성을 순결하게 지킬 수 있게 도와주세요.

제7계명이 금하는 것은 무엇입니까?

음행과 온갖 더러운 것과 탐욕은 너희 중에서 그 이름조차도 부르지 말라
이는 성도에게 마땅한 바니라. 엡 5:3

　영화나 드라마에서 남자가 남자를 사랑하거나 여자가 여자를 사랑하는 내용이 가끔 나옵니다. 우정을 넘어선 동성 간의 사랑을 아름답게 표현합니다. 이것은 하나님이 만드신 성을 왜곡하고 악하게 사용하는 것입니다.

　하나님은 성적인 타락에 대해서 심판을 말씀하셨습니다. 원래 하나님이 주신 성의 기능은 결혼을 통해서 가정을 이루는 데 있습니다. 사람은 죄를 짓고 타락했습니다. 모든 면에서 하나님의 말씀과 다르게 살려고 합니다. 성에 있어서도 문란할 수밖에 없는 죄의 성향을 가지고 있습니다.

　그러나 하나님이 결혼을 통해서 주신 은혜 중에 하나는 성적인 타락을 막는 것입니다. 오직 한 사람만 사랑하고, 한 사람과만 사랑을 나눌 것을 말씀으로 정하셨습니다. 사람은 하나님이 정하신 울타리 안에서만 성적인 연합을 누려야 합니다. 부부 외에 어떤 방법과 어떤 사람과도 성적인 관계를 허락해서는 안 됩니다.

　제7계명은 현대 사회에서 물의를 일으키고 있는 다양한 성적인 현상들을 금지하고 있습니다. 성추행, 성폭력, 동성애, 일부다처제, 일처다부제, 혼전동거, 성전환자를 모두 금지하고 있습니다. 오늘날 이런 성적인 범죄는 인권이라는 이름으로 허용되고 있습

니다. 성적인 다양성을 인정해야 한다고 이야기합니다. 그러나 이것은 매우 위험하고 심각한 일입니다. 하나님의 창조 질서를 파괴할 뿐만 아니라 가정과 국가의 근간을 흔들 수 있습니다.

가정이 건강하게 바로 서야 자녀들도 건강하게 자랄 수 있습니다. 가정이 무너지면 국가도 제대로 기능할 수 없습니다. 이 시대가 성적인 타락을 허용하지 않고, 하나님이 정하신 법대로 가정과 부부만을 위한 성이 확립될 수 있도록 기도합시다.

소요리문답 72문

문 제7계명이 금하는 것은 무엇입니까?
답 제7계명이 금하는 것은 모든 더러운 생각과 말과 행동입니다.

기도

하나님 아버지, 이 시대는 성적인 유혹과 타락이 있는 시대입니다. 유혹이 많은 시대에 시험에 들지 말게 하시고, 온전한 마음으로 거룩함을 지켜 나갈 수 있게 도와주세요.

제8계명이 무엇입니까?

도둑질하지 말라. 출 20:15

주말이 되면 로또 복권을 파는 가게 앞은 줄이 길게 늘어서 있습니다. 전혀 노력하지 않고 큰돈을 단번에 벌기 위한 사람들로 장사진을 이룹니다. 일하지 않고 큰돈을 버는 좋은 방법이 있다면, 아마도 일하려는 사람이 아무도 없을 것입니다. 모두가 한 번에 큰 부자가 된다면 누구도 살 수 없는 곳이 될 것입니다. 건강한 삶은 노력해서 땀 흘려 일하고, 정당한 대가로 보람을 찾는 것입니다.

하나님은 우리에게 일할 수 있는 능력을 주셨습니다. 열심히 땀 흘려 노력해서 대가를 얻는 것은 타락 이전에, 이미 창조 때 하나님이 주신 소명입니다. "땅에 충만하고, 땅을 정복하고, 모든 생물을 다스리라"는 말씀은 열심히 일해야 하는 노동을 말씀하신 것입니다.

일하는 것은 거룩한 사명입니다. 직업에 대한 하나님의 부르심은 타락 이후에도 여전히 변하지 않았습니다. 열심히 일하고 노력해서 열매를 얻는 것은 하나님이 정하신 법입니다.

제8계명은 우리가 노력해서 일해야 할 것을 말합니다. 도둑질은 일하지 않고 다른 사람이 노력해서 얻은 소유를 빼앗는 범죄입니다. 서로 빼앗고 빼앗긴다면 누가 노력해서 일하려고 할까요?

73

모든 사람이 도둑질을 한다면 인류는 자멸하고 말 것입니다.

하나님은 우리에게 노동을 명령하셨습니다. 열심히 일해서 결과를 얻어야 한다고 말씀하십니다. 노동은 사명입니다. 범죄 행위에 대한 벌이 아닙니다. 하나님은 하나님이 주신 자연을 은사와 지혜와 힘을 사용해서 다스려서 정당한 결과를 남겨 삶을 영위하고 문화를 만들어 가야 하는 사명을 말씀하셨습니다.

하나님이 우리에게 주신 일이 있습니다. 학생은 공부이고, 성인은 노동입니다. 자신이 해야 할 일에 대해서 최선을 다해야 합니다. 노력하지 않고 얻으려는 모든 행위는 도둑질입니다. 일하지 않고 얻으려는 모든 행위는 도둑질입니다. 어떤 일이든 열심히 하고, 감사함으로 주어진 일을 받아들입시다.

소요리문답 73문

문 제8계명이 무엇입니까?
답 제8계명은 "도둑질하지 말라" 하신 것입니다.

기도

하나님 아버지, 우리에게 일을 할 수 있는 몸과 마음을 허락해 주셔서 감사드립니다. 어떤 일이든 하나님이 주셨음을 고백하고 최선을 다할 수 있도록 인도해 주세요.

제8계명이 명하는 것은 무엇입니까?

돌이켜 가난한 자에게 구제할 수 있도록
자기 손으로 수고하여 선한 일을 하라. 엡 4:28

공산주의는 모든 사람이 부와 재산에서 평등해야 한다고 말합니다. 사유재산을 부정하고, 공동으로 경작하고 똑같이 나누어야 한다고 말하며, 개인적인 재산은 포기해야 한다고 말합니다. 이러한 공산주의는 이미 실패한 이념이라고 생각하고 있습니다.

성경은 사유재산을 부정하지 않습니다. 모두가 항상 같은 조건으로 일하고 같은 결과를 나누어야 한다고 말하지 않습니다. 각자의 은사와 소명이 다르기 때문에 일의 방법과 양과 결과도 다를 수 있다는 것을 인정합니다.

성경은 개인의 노력과 재능과 은사에 따라서 재산과 부를 쌓을 수 있다고 말합니다. '청빈'이라고 해서 깨끗하게 가난할 것을 주장하지 않습니다. 물론 검소해야 하고 절약해야 합니다. 그렇다고 개인적인 재산과 부를 쌓고 모으는 것을 반대하지는 않습니다. 노동이나 돈을 죄로 여기지 않습니다. 무조건적인 재산의 평등을 말하지 않습니다.

제8계명이 의미하는 것 중에 하나는 자신의 부와 재산을 합당하게 증진시킬 수 있다는 것입니다. 은행, 증권, 보험, 부동산을 통한 투자도 인정합니다.

성경은 단지 부와 재산을 자신의 유익만을 위해서 사용하지 말라고 말합니다. 나누고 베풀어야 한다고 이야기합니다. 하나님이 우리에게 재산과 부를 주시는 이유는 어려운 이웃을 돌보고 나눔을 실천하게 하시기 위해서입니다. 열심히 모은 재산으로 이웃과 교회를 섬기는 일은 기쁨입니다. 예수님도 받는 자보다 주는 자가 더 복이 있다고 말씀하셨습니다.

하나님은 열심히 노력해서 모은 재산을 죄라고 하시지 않습니다. 재산과 부를 인정하시되, 단지 이웃과 교회와 복음을 위해서 사용하라고 말씀하십니다. 작은 금액이라도 모인다면, 어렵고 힘든 이웃을 향해 나누고 베풀 수 있어야 합니다. 주변을 돌아보면서 어떤 나눔을 실천할 수 있을까요? 구체적으로 계획해 봅시다.

소요리문답 74 문

문 제8계명이 명하는 것은 무엇입니까?
답 제8계명이 명하는 것은 자기 자신이나 다른 사람의 부와 재산을 합법하게 얻고 증진시키라는 것입니다.

기도

하나님 아버지, 일에 대한 대가를 누릴 수 있도록 허락해 주심을 감사드립니다. 일에 대한 열매를 우리 자신만을 위해서 쓰지 않고 이웃에게 나누며 살 수 있는 마음을 허락해 주세요.

제8계명이 금하는 것은 무엇입니까?

연락을 좋아하는 자는 가난하게 되고
술과 기름을 좋아하는 자는 부하게 되지 못하느니라. 잠 21:17

투기와 투자는 다릅니다. 투기는 기회를 틈타서 큰 이익을 보려는 시도입니다. 한편 투자는 이익을 얻기 위해서 어떤 일이나 사업에 시간과 정성을 쏟는 것을 말합니다. 투자에는 노동이 들어갑니다. 투기는 노동 없이 요행만 바라는 것입니다.

일반적으로 사람들은 노력하지 않고 많은 것을 얻기를 권장합니다. 최대한 일을 적게 하고 돈을 많이 벌 수 있는 방법을 찾습니다. 이런 의도로 만들어진 사업들이 있습니다. 다단계 사업, 고리대금업 등입니다. 이러한 일들은 성경적일까요? 그렇지 않습니다. 일하지 않고 재산을 증식시키려는 일입니다.

제8계명은 단지 도둑질의 문제뿐만 아니라 정직하지 않고 노력하지도 않으면서 부를 쌓고 싶은 의도를 경계합니다. 도둑질은 다른 사람이 노력해서 얻은 것을 힘들이지 않고 얻고 싶어 하는 것입니다. 제8계명은 게으르게 살면서 성실하게 일한 사람의 몫을 빼앗는 모든 행위를 금지하고 있는 것입니다.

대부분의 다단계 사업은 수많은 회원의 노력을 상위 1% 이내의 사람들이 독점하는 구조입니다. 다단계에서 많은 사람이 열심히 일하지만, 결국 부를 독점한 사람들이 노력하지 않고 많은 결과물을 가지고 갑니다. 이것은 열심히 일하는 사람들의 노력을 도둑질하는 행위입니다. 고리대금업도 마찬가지입니다. 빌려준 돈에 비해서 많은 이자를 가져갑니다. 채무자는 열심히 일하지만 이자를 갚는 데 많은 비용을 지불해야 합니다.

하나님은 우리에게 다른 사람의 부와 재산에 부당하게 손해를 끼치는 행위를 금지하셨습니다. 적은 노력으로 다른 사람의 노력을 가져갈 수 없습니다. 이런 일을 계획하지도 말아야 합니다. 세상적인 악한 방법에 빠지지 않고 분별할 수 있도록 기도합시다.

소요리문답 75문

문 제8계명이 금하는 것은 무엇입니까?
답 제8계명이 금하는 것은 자기 자신이나 이웃의 부와 재산에 부당하게 손해를 끼치거나 손해를 끼칠 만한 일을 하는 것입니다.

기도
하나님 아버지, 조금 일하고 많은 것을 원하는 마음이 있었다면 용서해 주세요. 정직하게 일한 대가에 대해 감사하는 마음을 허락해 주세요.

제9계명이 무엇입니까?

네 이웃에 대하여 거짓 증거하지 말라. 출 20:16

"말 한마디에 천 냥 빚도 갚는다"는 속담이 있습니다. 말의 중요성을 강조한 속담입니다. 한마디 말이 사람을 살리기도 하고, 죽이기도 합니다. 소망을 주기도 하고, 절망을 주기도 합니다. 언어는 모든 관계의 가장 중요한 근본입니다.

하나님은 말씀으로 천지를 창조하셨습니다. 말은 곧 언어입니다. 하나님의 말씀은 우리가 이해할 수 있는 언어로 전달되었습니다. 언어는 하나님의 뜻과 계획을 전달하는 중요한 도구입니다. 언어가 없다면 하나님을 알기 어려웠을 것입니다. 하나님은 말씀으로 사람을 지으시고 사람과 소통하셨습니다. 하나님의 뜻과 계획을 사람이 이해할 수 있는 방식과 표현으로 전달해 주셨습니다.

언어는 하나님을 아는 가장 중요한 도구입니다. 그래서 언어 사용은 신중하고 진실해야 합니다. 제9계명은 언어를 어떻게 사용해야 하는지에 관한 말씀입니다. 언어는 진실하고 거짓 없이 표현되어야 합니다. 하나님은 언약으로 말씀하신 내용을 반드시 지키십니다. 하나님 안에는 거짓이 없습니다. 언어와 사실은 항상 일치해야 합니다. 없는 것을 있다고 말하거나, 있는 것을 없다고 거짓말을 하게 되면 듣는 사람에게 피해를 줄 뿐만 아니라 관계를 단절하게 됩니다.

76

 사탄의 본질은 거짓말하는 자입니다. 아담을 속일 때도 선악과를 먹으면 하나님과 같이 된다고 거짓말을 했습니다. 예수님을 시험할 때도 거짓말로 말씀을 바꾸어 유혹했습니다. 거짓말로 사람을 유혹하고 나쁜 길로 빠지게 만드는 행위는 하나님으로부터 온 것이 아닙니다. 하나님을 믿고 말씀대로 사는 것은 정직한 말과 진실한 언어로 신뢰를 주는 것입니다. 가정과 사회와 국가의 조직과 관계는 진실한 언어가 사용될 때 유지될 수 있습니다. 이것은 하나님의 창조를 보존하는 중요한 일입니다.

 하나님은 진실하신 분입니다. 하나님 안에서 우리는 항상 진실해야 합니다. 다른 사람을 거짓말로 속이거나 두려워서 진실을 말하지 못했다면 회개하고, 정직한 영을 주시기를 기도합시다.

소 요 리 문 답 76 문

문 제9계명이 무엇입니까?
답 제9계명은 "네 이웃에 대하여 거짓 증거하지 말라" 하신 것입니다.

기도
하나님 아버지, 우리에게 진리를 말씀해 주시고, 그 말씀대로 신실하게 행하심을 감사드립니다. 우리도 말에 있어서 진실할 수 있도록 도와주세요. 우리에게 언제나 정직한 마음을 허락하셔서 진실한 하나님의 백성이 될 수 있게 도와주세요.

제9계명이 명하는 것은 무엇입니까?

진실한 증인은 사람의 생명을 구원하여도
거짓말을 뱉는 사람은 속이느니라. 잠 14:25

"발 없는 말이 천 리 간다"는 속담이 있습니다. 말은 발이 없지만, 순식간에 멀리까지 퍼져 간다는 의미입니다. 말을 조심해서 사용해야 한다는 뜻입니다. 말은 전달력이 있습니다. 들은 이야기를 다른 사람에게 옮기기 때문입니다. 좋은 소식뿐만 아니라 나쁜 소식도 빠르게 전파됩니다.

좋은 소식을 '복음'이라고 합니다. 성경은 우리가 복음에 관한 증인이라고 말합니다. 증인은 보고 들은 바를 다른 사람에게 전하는 역할을 합니다. 예수님의 제자들은 증인이었습니다. 그들이 보고, 듣고, 경험한 예수님에 관한 소식을 죽을 때까지 온 세상을 다니며 증거했습니다. 이 증거는 제자들의 입을 통해서 말로 전달되었습니다.

만약 증인들이 잘못된 내용을 전달했다면 지금 우리가 믿는 복음은 가짜일 것입니다. 그러나 우리가 전해들은 내용은 모두 진실이기에, 들은 사람들이 진리를 알게 되었습니다. 진리는 진실한 말을 통해서 전달됩니다. 진실한 말은 진실한 인격에서 나옵니다. 말은 곧 사람입니다.

제9계명은 우리가 하나님 안에서 어떤 삶을 살아야 할지에 관해서 중요한 내용을 가르쳐 줍니다. 참된 그리스도인은 진실한 말을 통해서 신뢰를 받는 사람입니다. 제9계명을 잘 기억하고 지키면 좋은 인격을 가진 사람이 되어 자신이 하는 말에 대해 믿음을 가질 수 있게 됩니다. 이것은 말하는 사람뿐만 아니라 주변 사람에게도 유익을 끼칩니다. 이렇게 신뢰를 받는 사람이 예수님의 참된 증인이 될 수 있습니다. 제9계명을 잘 지키면 복음을 증거하는 데 큰 역할을 하게 됩니다.

하나님은 우리에게 복음을 증거할 수 있는 증인의 자격을 주셨습니다. 우리는 제9계명을 소중히 여겨 범사에 진실하고 신뢰받는 인격을 가질 때 진정한 하나님의 말씀을 전할 수 있는 자격을 가지게 됩니다. 하나님이 영광을 받으실 수 있도록 우리의 언어가 항상 진실하고 정직할 수 있도록 기도합시다.

소요리문답 77문

문 제9계명이 명하는 것은 무엇입니까?
답 제9계명이 명하는 것은 사람 사이의 진실함과 자기 자신과 이웃의 명예를 유지하고 증진시키라는 것이고, 특별히 증언할 때에 그리하라는 것입니다.

기도

하나님 아버지, 우리를 복음을 증거할 수 있는 증인으로 삼아 주셔서 감사드립니다. 진실한 말과 정직한 마음으로 준비될 수 있게 인도하셔서 우리가 전하는 복음 위에 능력을 더해 주세요.

제9계명이 금하는 것은 무엇입니까?

**그의 혀로 남을 허물하지 아니하고 그의 이웃에게 악을 행하지 아니하며
그의 이웃을 비방하지 아니하며.** 시 15:3

요즘 사람들은 SNS, 문자메시지, 이메일 등 온라인으로 대화를 많이 합니다. 이러한 매체에서 주고받는 문자도 말이며 언어입니다. 온라인 대화도 얼굴을 보며 대화하는 것과 똑같습니다. 한 단어나 작은 이모티콘이 상대방을 격려하고 힘을 북돋워 주기도 합니다.

제9계명은 온라인 대화에도 적용됩니다. 시대마다 전달하는 매체만 다를 뿐 문자메시지도 의미의 전달이라는 면에서 같은 효과를 지니고 있습니다. 말로 전달하지 않는다고 하더라도, 문자나 글은 오랫동안 남아 여러 번 읽고 보게 됩니다. 때로는 이러한 문자메시지가 더 큰 영향을 주기도 합니다.

따라서 우리는 간단한 문자나 이메일에 적는 짧은 글이라도 진실하고 정직한 표현을 사용해야 합니다. 글로써 상대방을 비하하거나, 명예에 손상을 주거나, 악의적인 의도로 상처를 주거나, 수군거리거나, 비웃거나, 욕하거나, 헛된 자랑을 하거나, 하나님의 이름으로 장난을 하거나, 약섬을 찾아내 악한 소문을 만들어 내거나, 의심하거나, 지나치게 부정적인 상상을 해 오명을 씌우는 등의 말은 삼가야 합니다.

특히 인터넷 댓글로 자신의 분노를 정당한 이유 없이 표출해 상

78

대방을 힘들게 하는 일은 하지 않아야 합니다. 온라인상의 댓글이나 대화로 크게 상심하고 절망하는 사람들이 많이 있습니다. 악한 댓글은 달지 말아야 합니다. 댓글도 신중하게, 상대의 명예와 감정을 존중하면서 달아야 합니다.

제9계명은 말과 언어로 상대방을 공격하거나 명예를 훼손하지 말라고 가르칩니다. 말뿐만 아니라 언어나 온라인상의 글로도 상대를 배려하고 존중해야 합니다. 언어 표현에 있어서 존중하고 섬기는 마음을 가질 수 있도록 기도합시다.

소요리문답 78문

문 제9계명이 금하는 것은 무엇입니까?
답 제9계명이 금하는 것은 무엇이든지 진실함을 손상하는 것과 자기 자신과 이웃의 명예를 훼손하는 것입니다.

기도

하나님 아버지, 우리의 마음에 분노와 미움이 있더라도 하나님 안에서 인내할 수 있는 마음을 허락해 주셔서 선한 말로 악을 이기게 도와주세요.

제10계명이 무엇입니까?

네 이웃의 집을 탐내지 말라 네 이웃의 아내나 그의 남종이나 그의 여종이나 그의 소나 그의 나귀나 무릇 네 이웃의 소유를 탐내지 말라. 출 20:17

불교는 금욕과 무소유를 중요하게 생각합니다. 인간적인 욕구나 욕망이 불행과 고통을 가져다준다고 믿습니다. 결혼을 하거나, 재산을 모으거나, 정상적인 가정생활에 대해서 부정적입니다.

성경은 그렇게 말하지 않습니다. 성경은 사람의 욕구 자체를 죄로 여기지 않습니다. 하나님은 성에 대한 욕구를 죄로 여기시지 않습니다. 단지 가정이라는 울타리 안에서만 성이 사용될 수 있도록 하셨습니다. 부를 증진시키려는 욕구 자체를 부정하지 않으시고, 정당한 방법과 절차를 통해서 물질을 모을 수 있도록 하셨습니다.

제10계명은 하나님이 사람에게 주신 감정이나 욕구를 금지하는 것이 아니라, 탐욕과 욕심을 금합니다. 탐욕은 우리의 삶에 대해서 감사하지 못하게 하고, 원망하며, 하나님께 가까이 나아가는 일을 막는 죄의 성향을 말합니다. 때로는 탐욕 때문에 하나님보다 돈과 성공을 더 사랑하기도 합니다. 성경은 이것을 우상 숭배라고 하며, 하나님보다 높아진 탐심과 탐욕을 회개하고 돌이키라고 말합니다.

하나님은 우리가 하나님이 주신 욕구를 통해서 창조 때 주신 모든 것을 누리되, 자신의 유익과 이익을 위해서만 소유하는 것이 아니라 청지기적인 삶을 살 것을 말씀하십니다. 탐욕은 모든 것이 하나님의 것이라는 생각보다는 나의 것이라는 생각에서 시작되기 때문입니다.

나에게 있는 모든 것은 하나님이 주신 것이기에 언젠가 하나님이 다시 가져가신다는 믿음으로 관리해야 합니다. 우리의 건강과 목숨까지도 나의 것이 아니라 하나님의 것이므로 잘 관리하고, 하나님의 때에 다시 돌려 드려야 합니다.

우리에게 탐욕이 없는지 살펴보고, 만약 있다면 하나님께 회개합시다. 그리고 모든 일에 자족하는 마음을 달라고 기도합시다.

소요리문답 79문

문 제10계명이 무엇입니까?
답 제10계명은 "네 이웃의 집을 탐내지 말라 네 이웃의 아내나 그의 남종이나 그의 여종이나 그의 소나 그의 나귀나 무릇 네 이웃의 소유를 탐내지 말라" 하신 것입니다.

기도

하나님 아버지, 지금 누리고 있는 모든 환경에 항상 만족하며 감사할 수 있도록 인도해 주세요. 항상 자족하는 마음으로 하나님을 기쁨으로 섬길 수 있게 도와주세요.

제10계명이 명하는 것은 무엇입니까?

내가 궁핍하므로 말하는 것이 아니니라
어떠한 형편에든지 나는 자족하기를 배웠노니. 빌 4:11

어떤 통계에 따르면, 사람은 하루 평균 3시간 정도 걱정을 하며 산다고 합니다. 걱정의 대부분은 염려하고 고민한다고 해서 해결되지 않는 것들이라고 합니다. 사람들은 왜 해결되지 않는 문제에 매달리고 근심할까요? 많은 경우 욕심 때문입니다.

성경은 자족에 대해서 말합니다. '자족'이란 스스로 작은 것에도 만족하고 감사하는 삶을 의미합니다. 또한 탐심은 우상 숭배라고 말합니다. 우상은 하나님보다 중요하게 생각하거나 더 가치 있게 추구하는 모든 것입니다. 성공이 될 수도 있고, 자녀가 될 수도 있습니다.

탐심이 우상 숭배인 이유는 하나님보다 더 사랑하는 대상들을 강한 열망으로 추구하기 때문입니다. 이러한 일은 하나님이 모든 것의 주인이시고 창조주이시라는 사실을 잊어버리거나 온전히 믿지 못할 때 일어납니다. 우리는 죄성이 아직 남아 있어서 항상 하나님보다 더 사랑하는 대상을 추구하려는 성향이 있습니다. 제10계명은 자기 자신을 사랑하는 마음이 죄라는 사실을 지적하면서, 하나님이 모든 것을 허락해 주셨다는 사실을 믿고 바라보도록 가르칩니다.

하나님은 모든 환경이 조성된 이후에 사람을 만드셨고, 하나님

80

의 창조를 누릴 수 있게 하셨습니다. 우리의 것은 하나도 없습니다. 단지 우리는 하나님이 주신 것을 이용하고 개발할 뿐입니다. 그러나 사람의 욕심은 하나님의 것이 점점 나의 것이라고 주장합니다. 그러면서 자신을 위해 재물을 쌓고 더 많은 것을 추구하게 됩니다.

제10계명은 우리 안에 있는 탐욕을 회개하고 하나님께 우리의 마음을 두라고 가르칩니다. 하나님이 모든 것을 주셨기 때문에 먼저 감사해야 합니다. 그리고 내게 주신 것을 이웃을 위해서, 어려운 사람을 위해서 사용해야 합니다. 우리에게 주신 많은 것을 누구를 위해서, 어떻게 나누겠습니까? 재능, 물질, 시간 등 무엇이든 괜찮습니다.

소요리문답 80문

문 제10계명이 명하는 것은 무엇입니까?
답 제10계명이 명하는 것은 자기 자신의 처지에 온전히 만족하며, 우리 이웃과 그의 모든 소유에 대하여 정당하고 잘되기를 바라는 심정을 가지라는 것입니다.

기도
하나님 아버지, 우리에게 주신 모든 환경에 항상 감사하며 자족하는 마음이 있기를 원합니다. 자족하는 가운데 어려운 이웃과 더불어 좋은 것을 나누고 섬기며 살 수 있게 인도해 주세요.

제10계명이 금하는 것은 무엇입니까?

시기와 다툼이 있는 곳에는 혼란과 모든 악한 일이 있음이라. 약 3:16

　선행은 좋은 마음의 동기에서 시작합니다. 어려운 사람을 보면 돕고 싶은 마음이 생겨서 행동으로 옮기게 됩니다. 악행도 그렇습니다. 마음에서 나쁜 동기로 시작합니다. 미운 마음과 분노가 쌓일 때 말과 행동으로 드러나게 됩니다.

　마음의 동기는 모든 행동과 말의 시작입니다. 성경은 행위의 결과만 평가하지 않습니다. 행위가 있기 전 마음의 동기에 대해서도 중요하게 말합니다. 탐심, 시기, 분노, 욕심, 미움 등 부정적인 마음에 대해서 이야기합니다. 이러한 마음 자체가 모든 불의한 행동의 근거가 되기 때문에, 결과적인 행동으로 드러나지 않더라도 동일한 죄로 여깁니다.

　제10계명은 이러한 마음의 동기도 하나님 앞에서 죄가 된다고 말합니다. 십계명의 모든 계명을 행위로 지켰다고 하더라도, 마음의 동기가 악하다면 실제로 계명을 지켰다고 할 수 없습니다. 하나님은 마음의 중심을 보시기 때문입니다. 따라서 우리 마음의 동기까지도 하나님 앞에서 점검을 받아야 합니다.

　십계명의 마지막 계명은 온전한 거룩에 대해 이야기합니다. 우리에게 보이지 않는 마음의 부정적인 동기까지 온전할 것을 말합니다. 탐심이나 시기, 욕심 등은 하나님을 향한 믿음과 섭리를 부정하는 것입니다. 한 마음에 믿음과 탐심이 공존할 수 없습니다. 탐심이나 부정적인 마음이 있다면 하나님에 대한 믿음과 신뢰를 가지기 어렵습니다.

마음으로 지은 죄가 있다면 하나님께 거룩한 은혜의 빛을 비추어 주셔서 회개할 마음을 달라고 기도합시다. 마음의 중심을 보시는 하나님 앞에 두려움과 떨림으로 서야 할 것입니다.

소요리문답 81문

문 제10계명이 금하는 것은 무엇입니까?
답 제10계명이 금하는 것은 자기 자신의 처지를 조금이라도 불만스러워하고 이웃의 잘됨을 시기하고 원통하게 여기고, 이웃의 것에 대하여 조금이라도 부당한 마음과 욕심을 품는 것입니다.

기도
하나님 아버지, 우리의 행위로만 판단하지 않으시고 마음의 동기까지 보심을 감사합니다. 사람은 속일 수 있으나 하나님은 속일 수 없음을 고백합니다. 하나님만 아시는 마음의 동기까지 거룩할 수 있도록 인도해 주세요.

십계명을 모두 지킬 수 있나요?

선을 행하고 전혀 죄를 범하지 아니하는 의인은 세상에 없기 때문이로다. 전 7:20

올림픽 출전을 준비하는 선수들은 강한 훈련을 합니다. 달리기, 턱걸이 등 체력 훈련의 목표가 매우 높습니다. 이렇게 강도 높은 훈련을 하는 이유는 강한 상대를 만나더라도 강한 체력으로 승리하기 위해서입니다.

하나님이 우리에게 요구하시는 거룩의 기준은 매우 높습니다. 십계명을 평생 동안 한 번도 어기지 않고 모두 지키기란 불가능합니다. 특히 제10계명은 우리가 가장 많이 어기고 살아갑니다. 드러나지 않은 마음속 죄까지 포함시킨다면, 우리는 매일매일 죄를 짓고 산다고 할 수 있습니다.

하나님은 거룩하신 분이고, 단 한 점의 죄나 오류도 없으신 분입니다. 완전한 선이시며, 완전한 거룩이십니다. 하나님은 최고의 선이시기 때문에 하나님께 이르기 위해서는 하나님이 말씀하시는 선을 충족해야 합니다. 그러나 우리는 말씀이 제시하는 거룩의 기준에 이를 수가 없습니다. 아무리 많은 수행을 하고 금식 기도를 하더라도 완전한 거룩에 이를 수 없습니다.

그러면 하나님이 왜 우리에게 이처럼 어려운 기준을 제시하신 것일까요? 그 이유는 3가지입니다. 첫째, 우리는 철저한 죄인으로서, 스스로의 힘과 노력으로는 결코 거룩에 이를 수 없다는 사실을 깨닫게 하시기 위해서입니다. 둘째, 우리의 힘으로는 하나님께 이를 수 없기 때문에 반드시 중보자, 예수님을 통해야 한다는 것을 말씀하시기 위해서입니다. 셋째, 예수님을 통해서 우리가 추구해야 하는 거룩의 기준을 제시하시기 위해서입니다.

십계명을 지키려고 할수록 우리가 발견하게 되는 것은 우리가 죄인이라는 사실입니다. 우리의 죄가 얼마나 큰지를 알게 됩니다. 우리의 힘으로는 죄를 극복하고 거룩에 결코 이를 수 없기 때문에, 우리는 예수님을 의지할 수밖에 없습니다. 죄를 깨닫는 자리에서 예수님의 보혈을 의지하며 죄 사함을 구하고 거룩에 이르기를 소망합시다.

소요리문답 82문

문 하나님의 계명을 완전히 지킬 수 있는 사람이 있습니까?
답 타락한 이후 한낱 사람으로서는 이 세상에 살 동안에 하나님의 계명들을 완전히 지킬 수 없고, 오히려 생각과 말과 행위로 날마다 범합니다.

기도
하나님 아버지, 우리가 말씀을 지키려고 할수록 우리가 얼마나 큰 죄인인지를 깨닫게 하셔서 감사드립니다. 우리의 힘으로는 거룩함에 이를 수 없기 때문에 우리는 예수님의 공로만을 의지합니다. 예수님의 보혈을 의지하며 거룩한 주의 백성이 될 수 있게 도와주세요.

죄에도 종류가 있나요?

예수께서 대답하시되 위에서 주지 아니하셨더라면 나를 해할 권한이 없었으리니 그러므로 나를 네게 넘겨 준 자의 죄는 더 크다 하시니라. 요 19:11

죄에는 종류가 있습니다. 큰 죄와 작은 죄도 있고, 용서받지 못할 죄도 있습니다. 하나님의 이름을 모독한 죄나 예배와 관련된 죄는 큰 죄입니다. 의도적으로 예수님을 부정하고 비난한 것은 더 큰 죄에 해당합니다.

십계명은 성도가 어떻게 살아가야 하는지에 대한 말씀입니다. 이 말씀대로 살려고 할 때, 이 말씀대로 살지 못하는 자신을 발견하게 됩니다. 이 발견으로 우리는 크고 작은 다양한 죄를 깨닫고 알게 됩니다.

제1-4계명을 지키지 못하는 것은 하나님에 대해 직접적으로 짓는 죄이므로, 다른 계명보다 큰 죄에 해당합니다. 제5-10계명은 우리가 살아가면서 성도와의 관계에서, 또는 이웃과의 관계에서 지켜야 하는 것으로, 지키지 못했을 때 죄를 짓는 것입니다. 우리는 중요한 죄는 더 심각하고 철저하게 회개하고, 더 유의해서 말씀을 지키려고 노력해야 합니다.

물론 지키지 못했다고 해서 너무 좌절하지는 말아야 합니다. 말씀을 지킬 수 있는 힘이 우리의 인간적인 능력이나 지혜나 선한 의지에서 나오는 것이 아니기 때문입니다. 사람의 본성은 타락했기 때문에 하나님의 말씀을 모두 지킬 수 없습니다. 십계명을 통해서

83

이 사실을 깨닫는 것이 중요합니다. 우리가 선을 행하기에 얼마나 무능한지, 얼마나 철저한 죄인인지를 알아야 하는 것입니다.

우리는 의를 행하기에는 전적으로 무능합니다. 전적 타락은 우리로 하여금 의를 행하기에 너무나 무능하다는 절망을 알게 합니다. 그 죄의 깊이가 얼마나 깊은지 알 때 예수님이 우리의 죄를 위해 죽으신 은혜가 얼마나 크고 놀라운지를 깨닫게 됩니다. 십계명으로 죄를 깨달을 때 회개함으로 하나님께 온전히 나가기를 소망하며 기도합시다.

소요리문답 83문

문 법을 어기는 죄가 모두 똑같이 악합니까?
답 어떤 죄는 그 자체로서, 그리고 거기서 파생된 해악으로 말미암아 하나님 앞에서 다른 죄보다 더 악합니다.

기도
하나님 아버지, 우리에게 십계명의 말씀을 허락해 주셔서 모두 지킬 수 없는 스스로의 연약함을 보게 하셔서 감사드립니다. 이를 통해 크고 작은 죄를 알게 하셔서 감사드립니다. 우리의 부족함을 날마다 하나님께 아뢰고, 예수님을 의지함으로 거룩한 심령이 될 수 있도록 인도해 주세요.

죄마다 받아야 할 처벌은 무엇인가요?

또 왼편에 있는 자들에게 이르시되 저주를 받은 자들아 나를 떠나
마귀와 그 사자들을 위하여 예비된 영원한 불에 들어가라. 마 25:41

수영을 못하는 사람이 물에 빠져 허우적거릴 때 누군가가 구명 튜브를 던져 주면 붙잡아야 합니다. 붙잡지 않고 스스로 아무리 노력해도 살 수 없습니다. 자신의 노력과 공로로 생명을 얻을 수 없습니다.

인류는 마치 물에서 허우적대는 사람과 같습니다. 십계명의 말씀은 사람에게 많은 죄를 짓고 있다는 사실을 알려 줍니다. 십계명을 모두 지킬 수 있는 사람은 없습니다. 십계명은 우리가 하나님의 말씀을 지키려고 하면 할수록 지킬 수 없다는 사실을 우리에게 알려 줍니다. 우리는 죄인이기 때문입니다.

성도들 역시 아직 죄의 성향이 남아 있어서 날마다 죄의 모습을 발견하게 됩니다. 하나님은 거룩하신 분이기 때문에 죄와 함께하실 수 없습니다. 하나님은 공의의 하나님이시므로 불의를 참으실 수 없습니다. 우리가 아무리 말씀을 많이 지켰다 하더라도, 그중에서 단 하나만 어겨도 모든 율법을 범한 자와 같습니다.

우리가 선행을 많이 하고 말씀을 많이 지킨다 하더라도, 심판을 면할 근거가 될 수는 없습니다. 하나님은 완전한 의를 요구하시기 때문입니다. 하나님은 죄에 대해 진노하셔서 영원한 심판으로 벌하십니다.

우리가 의롭게 되고 심판을 면할 수 있는 이유는 단 한 가지입니다. 예수님 때문입니다. 예수님이 십계명의 모든 말씀과 율법의 모든 요구를 다 지키셨기 때문입니다. 따라서 예수님의 의가 그분 안에 있는 자들에게 전가됩니다. 우리의 죄는 예수님께로, 예수님의 의는 우리에게 옵니다. 우리는 율법을 다 지키지 못했지만, 예수님이 모두 지키셨기 때문에 하나님이 예수님 안에 있는 자는 의롭다고 해주시는 것입니다.

의롭다 칭하심을 받은 우리는 시험과 유혹에 넘어지더라도 다시 일어날 수 있습니다. 그 이유는 기도할 때 성령님이 우리 안에 정결함을 주시기 때문입니다. 성령님을 의지해 날마다 기도와 말씀으로 거룩함에 이르기를 소망합시다.

소요리문답 84문

문 모든 죄마다 마땅히 받아야 할 보응이 무엇입니까?
답 모든 죄마다 마땅히 받아야 할 보응은 이 세상과 오는 세상에서 하나님의 진노와 저주를 받는 것입니다.

기도
하나님 아버지, 우리가 아무리 선한 일을 많이 하더라도 하나님의 의에 이를 수 없음을 고백합니다. 우리의 선행과 공로가 아니라 오직 예수님의 공로로 구원에 이르게 됨을 감사드립니다. 예수님을 의지하며 정결함을 받아 말씀대로 행하며 사는 자녀들이 될 수 있게 인도해 주세요.

하나님의 진노를 피하기 위해 무엇을 해야 하나요?

너희는 귀를 기울이고 내게로 나아와 들으라 그리하면 너희의 영혼이 살리라 내가 너희를 위하여 영원한 언약을 맺으리니 곧 다윗에게 허락한 확실한 은혜이니라. 사 55:3

비가 많이 오면 아이들은 비옷을 입고 우산을 씁니다. 우산만 쓰면 다리 쪽이 다 젖고, 비옷만 입으면 얼굴과 목 쪽으로 비가 스며듭니다. 비옷과 우산, 두 가지를 함께 사용하면 비로 옷과 몸이 젖는 일을 막을 수 있습니다.

하나님은 죄에 대한 진노를 피하기 위한 두 가지 방법을 우리에게 주셨습니다. '내적 수단'과 '외적 수단'입니다. 먼저, '내적 수단'은 예수님을 믿는 믿음과 성령님을 통한 회개입니다. 또한 '외적 수단'은 말씀과 기도를 부지런히 사용하는 것입니다. 둘은 분리되지 않으며, 함께 일어납니다.

회개와 믿음은 말씀을 듣는 가운데 일어납니다. 우리는 말씀을 통해서 깨닫고 알게 된 바를 기도합니다. 기도하는 가운데 말씀이 생각나기도 하고, 회개할 부분과 믿어야 할 부분이 깨달아지기도 합니다.

죄인인 우리는 믿음과 회개, 말씀과 기도를 통해서 하나님 앞에서 더욱 겸손해질 수 있습니다. 은혜의 소중함을 알게 됩니다. 하나님이 계획하신 구원의 은혜가 얼마나 놀라운지 찬양하지 않을 수 없게 됩니다.

우리가 구원을 얻은 것은 우리의 힘과 능력으로가 아닙니다. 우

85

리의 공로와 노력 때문도 아닙니다. 하나님은 오직 하나님의 은혜로, 우리의 죄에도 불구하고 우리에게 구원을 허락해 주셨습니다. 말씀을 보며 깨닫는 마음을 허락하셔서 우리가 말씀을 모두 지킬 수 없는 죄인이라는 사실에 눈을 뜨게 하셨습니다. 예수님을 믿어야만 구원에 이를 수 있다는 것을 알게 하셨습니다.

말씀과 기도에 부지런히 힘을 써야 거룩한 자녀로 변화하고 성장할 수 있습니다. 하나님이 우리에게 주신 은혜를 따라 날마다 기도합시다. 하나님의 말씀을 보며 범죄한 모습을 회개함으로 믿음을 더해 갑시다.

소요리문답 85문

문 우리의 죄로 말미암아 마땅히 받아야 할 하나님의 진노와 저주를 피하게 하시려고 하나님이 우리에게 요구하시는 것은 무엇입니까?

답 우리의 죄로 말미암아 마땅히 받아야 할 하나님의 진노와 저주를 피하게 하시려고 하나님이 우리에게 요구하시는 것은 예수님을 믿고, 생명에 이르는 회개를 하며, 우리에게 구속의 유익을 끼쳐 주시려고 예수님이 쓰시는 모든 수단을 부지런히 사용하는 것입니다.

기도

하나님 아버지, 우리에게 하나님의 진노를 피하고 은혜 안에 거할 수 있는 길을 깨닫게 하심을 감사드립니다. 항상 기도하며 부지런히 말씀을 볼 수 있게 도와주셔서 하나님 안에서 거룩한 자녀로 성장하게 해주세요.

'예수 그리스도를 믿다'는 말은 무슨 뜻인가요?

영접하는 자 곧 그 이름을 믿는 자들에게는
하나님의 자녀가 되는 권세를 주셨으니. 요 1:12

몸에 필수 영양소가 부족하면 병에 걸립니다. 칼슘이 부족하면 뼈가 약해져서 쉽게 부러집니다. 비타민이 부족하면 각기병, 빈혈, 괴혈병 등이 생깁니다. 부족한 영양소가 생기지 않도록 골고루 잘 먹어야 합니다.

신앙에 있어서 반드시 필요한 요소가 있습니다. 예수님에 대한 믿음입니다. 죄인이 구원을 받고 하나님의 영광에 이르기 위해서는 의로움이 있어야 합니다. 우리는 십계명과 같은 말씀을 통해서 얼마나 많은 죄를 얼마나 자주 짓는지 알 수 있습니다. 이 죄가 사라지고 완전한 거룩에 이르러야 구원을 얻고 영원한 생명을 얻을 수 있습니다.

어떻게 완전한 의로움을 얻을 수 있을까요? 오직 예수님을 믿는 믿음으로 예수님의 의로우심을 얻을 수 있습니다. 예수님은 율법의 완성입니다. 모든 율법의 요구를 다 이루셨습니다. 말씀을 모두 다 지키고 이루신 분이 예수님이십니다. 예수님이 나의 죄를 위해서 죽으시고 부활하셔서 다시 오심을 믿는 자에게는 완전한 의로움이 전가됩니다.

이 믿음은 우리의 힘으로 가질 수 없습니다. 이 믿음은 하나님의 선물입니다. 하나님이 우리의 영혼 안에 믿음을 일으켜 주시기 때문입니다. 이 사실이 말씀을 들으면서 생겨납니다. 하나님은 말씀을 통해서 영적인 이해력을 주시고, 예수님이 반드시 필요하다는 사실을 알게 하십니다. 마음에 각성이 일어나고 새로운 선을 향한 의지가 생겨납니다. 이것은 오직 하나님이 선택하신 백성에게만 일어나는 기적과 같은 은혜입니다.

우리는 예수님을 온전히 믿어야 합니다. 오직 예수님을 의지하는 믿음으로 살 때 성령님이 우리 안에서 선한 일을 하십니다. 말씀을 사모하고, 죄를 싫어하며, 어려운 순간에도 기도하게 하십니다. 우리 가족이 함께 예수님을 나의 구주로 고백하며 평생 의지하고 간구할 수 있는 마음을 달라고 기도합시다.

소요리문답 86문

문 예수님을 믿는 믿음이 무엇입니까?
답 예수님을 믿는 믿음은 구원의 은혜이고, 이로써 우리는 구원을 얻으려고 복음이 전하는 예수님을 영접하고 그분만을 의지합니다.

기도

하나님 아버지, 우리에게 예수님에 대한 믿음을 허락해 주셔서 감사드립니다. 우리가 먼저 그 믿음을 찾은 것이 아니라 하나님이 먼저 깨닫게 하셔서 믿음을 선물로 허락해 주시니 감사합니다. 평생 동안 오직 예수님만 의지하고 기도할 수 있는 마음을 주세요.

회개가 무엇입니까?

거역하는 자를 온유함으로 훈계할지니 혹 하나님이 그들에게 회개함을 주사 진리를 알게 하실까 하며. 딤후 2:25

부모는 아이가 잘못했을 때 훈육을 합니다. 훈육을 잘 받아들인 아이는 자기의 잘못을 인정하고 행동을 바르게 합니다. 부모는 바르게 자라는 아이의 모습을 보고 기뻐합니다.

하나님도 죄인인 사람이 자신의 잘못을 깨닫고 행동과 말과 생각을 돌이키는 것을 기뻐하십니다. 우리는 십계명과 하나님의 말씀을 보면서 하나님의 의에 이를 수 없다는 사실을 깨달을 때 죄를 싫어하고 증오하게 됩니다. 죄가 너무 싫기 때문에 선과 의를 사랑하게 됩니다. 그래서 회개는 죄에 대해서 죽고, 의에 대해서 사는 것을 말합니다.

예수님을 알기 전에 우리에게는 죄에 대해서 거부할 수 없는 노예 같은 의지가 있었습니다. 그러나 구원받은 이후에는 선을 행할 수 있는 의지가 생겼습니다. 죄를 지을 수밖에 없는 존재에서 죄를 짓지 않을 수 있는 존재로 변화되었습니다.

이런 변화는 어떻게 일어났습니까? 나의 힘과 의지로 된 것이 아닙니다. 하나님이 믿음을 선물로 주셔서 예수님을 영접했기 때문에 가능했던 것입니다. 예수님은 우리 안에 함께하시며 우리에게 구원에 이르는 회개를 허락해 주십니다.

회개는 한 번에 끝나지 않고 평생 동안 지속해야 하는 과정입니다. 회개는 정죄함이나 비난이 아니라 하나님 앞에서 나를 바르게 아는 과정입니다. 하나님과 바른 관계를 세우기 위한 과정입니다. 가족이 함께 예배하고 기도하면서 하나님이 깨닫게 하시는 죄가 있다면 하나님께 고백합시다.

소요리문답 87문

문 생명에 이르는 회개가 무엇입니까?
답 생명에 이르는 회개는 구원의 은혜이고, 이로써 죄인이 자기 죄를 바로 알고, 예수님 안에 있는 하나님의 자비를 깨달아, 자기 죄를 슬퍼하고 미워하고, 그 죄에서 떠나 하나님께로 돌아가고 굳은 결심과 노력으로 새롭게 순종합니다.

기도

하나님 아버지, 우리가 죄인인 줄 알지 못했지만, 은혜를 주셔서 죄를 깨닫게 해주셔서 감사합니다. 오늘도 우리의 죄를 고백합니다. 용서해 주시고, 죄에서 떠나 항상 말씀 가운데 살아갈 수 있도록 도와주세요.

하나님이 교회를 통해 주시는 은혜는 무엇인가요?

예수께서 나아와 말씀하여 이르시되 하늘과 땅의 모든 권세를 내게 주셨으니 그러므로 너희는 가서 모든 민족을 제자로 삼아 아버지와 아들과 성령의 이름으로 세례를 베풀고 내가 너희에게 분부한 모든 것을 가르쳐 지키게 하라 볼지어다 내가 세상 끝날까지 너희와 항상 함께 있으리라 하시니라. 마 28:18-20

'교회'는 헬라어로 '에클레시아'입니다. 밖에 있던 존재를 불러 모았다는 뜻입니다. 우리를 부르신 분은 하나님이십니다. 하나님의 부르심에 믿음으로 응답해 모인 사람들의 모임이 교회입니다.

교회에서는 무엇을 할까요? 구원받은 백성이 한자리에 모여서 하나님을 함께 예배합니다. 하나님의 말씀을 듣고, 찬양과 기도를 합니다. 세례와 성찬을 통해서 하나님의 은혜를 받고 위로를 얻습니다.

교회를 통하지 않으면 하나님의 은혜의 방법들을 누릴 수 없습니다. 교회를 떠나서 나 혼자서만 신앙생활을 하는 일은 위험합니다. 교회는 예수님의 몸입니다. 우리 한 사람, 한 사람은 모두 예수님과 연합되었습니다. 예수님은 우리의 죄를 전가 받으셨고, 예수님의 의가 우리에게 전가되었습니다. 그래서 우리는 예수님의 의를 힘입어서 거룩하다는 칭하심을 받았습니다.

의롭다고 칭하심을 받은 사람은 예수님과 연합되어 있습니다. 이 연합은 예수님과 연합된 다른 시체와 교제가 일어나도록 합니다. 이 교제를 통해서 예수님을 몸으로 하는 교회를 이루게 됩니다. 성도는 예수님을 머리로 하는 하나의 몸이기 때문에 교회에 속할 수밖에 없습니다. 교회가 하는 가장 중요한 일은 교제와 활동보다 은혜의 방법들을 받아들이고 누리는 것입니다.

성도가 죄를 극복하고 거룩에 이르기 위해서는 교회에 소속되어야 합니다. 교회 안에서 말씀을 읽고, 배우고, 기도하고, 성찬과 세례를 통해 은혜의 수단을 누리는 것이 중요합니다. 이 은혜의 방편들을 감사함으로 누릴 수 있도록 기도합시다.

소요리문답 88문

문 예수님이 우리에게 구속의 유익을 끼치는 데 쓰시는 외적인 수단은 무엇입니까?

답 예수님이 우리에게 구속의 유익을 끼치는 데 쓰시는 외적인 수단은 그분이 정하신 것인데, 특히 말씀과 성례와 기도입니다. 이 모든 것이 택함 받은 사람들에게 구원을 위하여 효력 있게 됩니다.

기도

하나님 아버지, 우리를 교회로 불러 주셔서 감사드립니다. 교회에서 선포되는 말씀을 소중히 여겨 선포된 말씀대로 살고, 함께 모여서 기도하고, 성찬과 세례의 모든 과정을 통해서 하나님의 은혜를 항상 기억할 수 있도록 도와주세요.

말씀을 어떻게 읽고 들어야 할까요?

여호와의 율법은 완전하여 영혼을 소성시키며
여호와의 증거는 확실하여 우둔한 자를 지혜롭게 하며. 시 19:7

 교회마다 설교 시간이 있습니다. 목회자가 말씀을 풀어 전하고 선포하는 시간입니다. 성도들은 설교를 들을 때 다양한 생각을 합니다. 목회자의 외모를 집중해서 보는 경우도 있고, 설교하는 말투나 음성에 집중하기도 합니다. 설교를 듣고 나서 좋은지, 나쁜지를 평가하기도 합니다. 그렇다면 우리는 설교 시간에 어떻게 해야 할까요?

 설교 시간은 하나님의 말씀이 선포되는 순간입니다. 하나님은 우리에게 은혜의 방편을 주셔서 죄를 깨닫고 회개하며, 의롭고 거룩한 삶을 살도록 하십니다.

 은혜의 방편 중에서 하나는 예배 시간 중에 말씀 선포를 통해서 이루어집니다. 말씀 선포는 우리의 구원과 믿음과 성화를 위해 하나님이 세우신 은혜의 방법입니다.

 하나님은 설교라는 방법으로 우리의 죄와 허물이 하나님의 진노와 심판을 살 수밖에 없었다는 사실과 우리의 구원을 위한 하나님의 계획과 예수님의 십자가 은혜와 성령님의 기도와 구원을 이루시는 은혜가 무엇인지를 깨닫게 하십니다. 설교를 들을 때 성령이 우리의 마음에 역사하셔서 성경을 올바르게 해석하고, 성도들에게 필요한 하나님의 뜻을 적용하고 깨닫게 하십니다.

89

설교 말씀은 하나님의 은혜가 전해지는 시간입니다. 설교는 평가의 대상이 아닙니다. 선포되는 말씀에 대해서 하나님을 경외하는 마음으로 듣고 귀를 기울여야 합니다. 설교 시간 전에 미리 기도하고, 예배 가운데 깨닫게 하시는 은혜로 살아가야 합니다. 미리 준비된 예배는 하나님을 영화롭게 하고 우리에게 복을 더해 줍니다.

소요리문답 89문

문 말씀이 어떻게 구원을 위하여 효력 있게 됩니까?
답 하나님의 성령이 말씀의 낭독, 특별히 설교를 효력 있는 방도로 쓰셔서 죄인을 설득하고 회개시키며, 거룩함과 위로로 그들을 세워서 믿음으로 구원에 이르게 합니다.

기도
하나님 아버지, 우리에게 말씀 선포의 시간을 허락해 주심을 감사드립니다. 말씀이 선포되는 순간 말씀에만 집중하고 사모하는 마음으로 들을 수 있게 도와주세요.

말씀을 듣고 무엇을 해야 합니까?

자유롭게 하는 온전한 율법을 들여다보고 있는 자는 듣고 잊어버리는 자가 아니요 실천하는 자니 이 사람은 그 행하는 일에 복을 받으리라. 약 1:25

좋은 학생이란 배울 준비가 되어 있는 학생입니다. 선생님이 가르쳐 주실 내용을 미리 준비하고, 가르쳐 주실 때 빼먹지 않고 잘 배우는 것이 중요합니다. 준비된 학생이 좋은 결과를 낳습니다.

교회에서 선포되는 말씀도 같습니다. 신앙과 믿음이 자라기 위해서는 말씀을 들을 준비를 잘해야 합니다. 보통 3가지를 준비해야 합니다.

첫째, 성실하게 말씀을 미리 읽고 준비하고, 기도하며, 말씀에 집중해야 합니다. 요즘은 너무 바쁘고 시간이 없어서 미리 성경을 읽기가 어렵습니다. 기도로 준비하기도 쉽지 않습니다. 그러나 하나님의 말씀이 나에게 은혜가 되고 믿음과 구원에 유익이 있기 위해서는 미리 기도하면서 성실하게 준비해야 합니다.

둘째, 말씀이 전해질 때 믿음과 사랑으로 잘 듣고 배워야 합니다. 믿음이 없이 말씀을 들으면 강의에 불과합니다. 하나님의 말씀이 나의 말씀이 되기 위해서는 믿음과 사랑을 가지고 들어야 합니다. 그 말씀이 나에게 선포되고 있고 실제로 이루어질 것을 믿는 믿음이 필요합니다. 또한 비록 선포되는 내용에 부족함이 있다고 하더라도 사랑으로 허물을 덮고 들어야 합니다.

셋째, 설교 말씀을 마음에 잘 간직하고 생활 속에서 실천해야

90

합니다. 설교를 듣기만 하는 사람은 자신을 속이는 자입니다. 바른 이해와 깨달음이 있다면 말씀대로 살아야 합니다. 성령이 역사하실 때 죄를 싫어하고, 말씀대로 살고 싶어집니다.

우리는 교회에서 예배 가운데 선포되는 말씀을 듣기 위해서 준비해야 합니다. 미리 말씀을 읽고, 말씀이 은혜가 되도록 기도해야 합니다. 믿음과 사랑으로 받아들이고 실천할 수 있어야 합니다. 교회에서 선포되는 말씀을 위해서 기도합시다.

소 요 리 문 답 90 문

문 하나님의 말씀을 어떻게 읽고 들어야 그것이 구원을 위하여 효력 있게 됩니까?
답 하나님의 말씀이 구원을 위하여 효력 있게 되려면 우리는 부지런함과 준비와 기도로써 말씀에 집중하며, 그 말씀을 믿음과 사랑으로 받아들이고, 우리의 마음에 간직하고, 우리의 생활에서 실천해야 합니다.

기도
하나님 아버지, 선포되는 말씀을 위해 부지런히 말씀을 읽고 기도로 준비할 수 있게 도와주세요. 말씀을 통해 우리 안에 거룩한 변화의 역사가 일어나 마음과 말과 행동이 예수님의 장성한 분량에 이를 수 있게 도와주세요.

세례와 성찬이 주는 은혜를 어떻게 받나요?

나는 심었고 아볼로는 물을 주었으되 오직 하나님께서 자라나게 하셨나니 그런즉 심는 이나 물 주는 이는 아무것도 아니로되 오직 자라게 하시는 이는 하나님뿐이니라. 고전 3:6-7

어린아이는 엄마가 눈에 보이지 않으면 이 세상에 존재하지 않는다고 생각해 웁니다. 엄마가 문 뒤로 숨었다가 다시 나타나면 아이는 울음을 그치고 웃습니다. 아이가 아직 어리기 때문에 엄마는 항상 아이의 눈에 보이는 곳에 있어야 합니다.

하나님은 연약한 우리의 신앙을 위해서 '눈에 보이는 말씀'을 주셨습니다. 성례, 즉 세례와 성찬을 '눈에 보이는 말씀'이라고 합니다. 우리는 성찬을 하면서 눈으로 보고 입으로 먹으면서 예수님의 죽으심과 오심을 기념합니다. 우리가 예수님과 한 몸이 되었다는 사실을 떡과 포도주를 먹으면서 함께 직접 경험합니다. 이 방법은 성도들의 신앙에 계속된 유익을 줍니다.

성례가 유익하고 효력이 있는 이유는 의식 자체에 있지 않습니다. 마음은 전혀 다른 곳에 있으면서 성례에 몸만 참여한다고 성례가 주는 은혜나 혜택을 누릴 수 있는 것은 아닙니다. 예식과 형식에 참여하는 것만으로는 의미가 없습니다.

성례가 우리에게 신앙적인 유익이 있기 위해서 가장 중요한 것은 믿음입니다. 믿음으로 예식에 참여할 때 성령님의 역사로 우리의 영혼이 깨달음을 얻고, 은혜에 감사하며, 죄 용서에 대한 확신을 가질 수 있습니다. 이 확신으로 하나님의 사랑을 알고 진심으로 하나님을 경외하고 기뻐할 수 있게 됩니다.

교회에서 성례가 있을 때 믿음으로 참여하는지, 우리 자신을 돌아볼 필요가 있습니다. 단지 형식적으로 참여한다면 아무런 유익이 없습니다. 예식이 주는 의미를 생각하고 진실한 믿음으로 받아들일 수 있도록 기도해야 합니다. 성례가 있기 전에 기도로 준비하고 믿음으로 받기를 간구합시다.

소요리문답 91문

문 성례가 어떻게 효력 있는 구원의 수단이 됩니까?
답 성례가 효력 있는 구원의 수단이 되는 것은 성례 자체나 성례를 행하는 사람에게 어떤 덕이 있어서가 아니고, 오직 예수님의 복 주심과 믿음으로 성례를 받는 사람 속에서 예수님의 성령이 일하심으로 됩니다.

기도

하나님 아버지, 우리의 신앙의 유익을 위해 눈에 보이는 말씀인 성례를 허락해 주셔서 감사드립니다. 성례가 있을 때 믿음으로 준비하고 성령님이 주시는 은혜를 누릴 수 있게 도와주세요.

세례와 성찬을 하는 이유는 무엇인가요?

누구든지 그리스도와 합하기 위하여 세례를 받은 자는
그리스도로 옷 입었느니라. 갈 3:27

여호수아는 백성에게 명하여 요단강을 건너게 된 은혜의 표시로 12개의 돌들을 세우게 했습니다. 자손들에게 하나님의 보호하심과 인도하심을 기념하기 위해서였습니다. 이 돌들은 하나님의 인도하심을 경험한 후 세운 표시였습니다.

하나님은 우리가 신앙의 유익과 하나님의 은혜를 기억할 수 있도록 눈에 보이는 표시를 하라고 말씀하셨습니다. 이 표시는 그 자체로 신적인 능력이 있는 것은 아닙니다. 하나님은 이를 통해서 믿음으로 하나님의 은혜를 받아들일 수 있도록 인도하십니다.

하나님은 신약 시대 이후로 성례를 통해 눈에 보이는 표시를 허락해 주셨습니다. 이 표시는 하나님이 우리를 죄에서 구원하시고 하나님의 자녀로 삼아 주셨다는 은혜의 표현입니다. 하나님이 눈에 보이는 의식을 제정하신 이유는 앞으로 오는 모든 세대가 이 은혜에서 떠나지 않고 온전히 믿음 안에 거하도록 하신 신앙 교육의 방편입니다.

하나님은 우리가 눈과 귀와 손과 촉감을 통해서 예수님을 통한 새 언약 안에 거하도록 인도해 주십니다. 이런 영적인 유익들은 오직 믿음을 가지고 바라보는 자들에게만 적용됩니다. 이 적용으로 우리는 예수님과 함께 십자가에 못 박히고 함께 부활했다는 사실을 받아들이고, 성령님을 통해서 거룩한 인생이 될 수 있습니다.

    교회에서 행해지는 모든 성례는 하나님의 은혜에 대한 표시이며 인 치심, 즉 확증입니다. 성례, 즉 세례와 성찬을 행할 때 개인적인 불안과 두려움 등 어려움이 있었다면 이제 믿음으로 참여합시다. 우리가 하나님의 은혜와 섭리 가운데 있다는 사실을 믿고 확신해야 합니다. 이를 위해서는 성례가 있기 전에 미리 기도하며 은혜를 소망해야 합니다.

소요리문답 92문

문 성례가 무엇입니까?
답 성례는 예수님이 세우신 거룩한 예식이고, 이 예식 가운데 예수님과 새 언약의 유익이 눈에 보이는 표로 믿는 사람에게 표시되고 인 쳐지며 적용됩니다.

기도
하나님 아버지, 우리에게 성례를 통해서 하나님의 은혜에 대한 표시와 확증을 허락해 주셔서 감사드립니다. 삶의 고단한 문제들로 믿음이 흔들릴 때 성례를 통한 은혜를 허락해 주세요.

성례는 세례와 성찬만 있나요?

> 그러므로 너희는 가서 모든 민족을 제자로 삼아
> 아버지와 아들과 성령의 이름으로 세례를 베풀고. 마 28:19

 예수님이 오시기 전 구약 시대 성례는 할례와 유월절 등 2가지였습니다. 할례는 이전 사람을 베어 낸다는 의미가 있습니다. 유월절은 동물의 피를 통해서 사람의 죄를 대속해야 한다는 의미가 있습니다. 가톨릭에서 성례는 세례성사, 견진성사, 성체성사, 고해성사, 병자성사, 성품성사, 혼인성사 등 7가지입니다.

 신약성경에서 성례는 오직 2가지, 세례와 성찬입니다. 할례와 유월절은 예수님이 이 땅에 오셔서 고난받고 죽으신 후 부활하심으로 더 이상 드리지 않아도 됩니다. 구약 시대 성례는 예수님의 오심으로 폐지되었고, 가톨릭의 성례는 성경적이지 않습니다.

 예수님은 친히 어린 양 희생 제물이 되셨습니다. 어린 양의 피처럼 예수님의 피로 우리의 죄와 앞으로 오는 모든 선택받은 백성의 죄를 대속해 주셨습니다. 우리는 이제 성찬을 통해서 예수님의 죽으심을 기념하고, 다시 오심을 믿음으로 받게 되었습니다. 그리고 이제 옛 사람은 죽고 새사람이 되었다는 예식으로 세례를 하게 되었습니다.

 세례는 구약의 할례처럼 새로운 언약 백성이 되었음을 나타냅니다. 할례와 유월절에 모두 피가 있어야 했듯이, 신약 시대에는 죄가 없으신 온전한 어린 양 예수님이 피를 흘리셨습니다. 이로써

93

우리는 새로운 언약 백성이 되어 실패가 없는 확실한 구원의 자녀로 인 침을 받았습니다. 예수님이 우리 안에 영원히 연합해 거하심으로 우리가 성전이 되었습니다. 다시는 무너지거나 언약에 실패하지 않는 친 백성이 되는 은혜입니다.

하나님이 우리를 세례와 성찬으로 예수님의 피로 인한 새로운 언약 백성이 되게 하셨음을 감사하고 찬양합시다. 예수님은 친히 우리를 위해 어린 양이 되셨습니다. 그 은혜와 사랑을 기억하며 모든 어려움과 고난을 이기는 하나님의 자녀가 되기를 기도합시다.

소요리문답 93문

문 신약의 성례가 어느 것입니까?
답 신약의 성례는 세례와 성찬입니다.

기도

하나님 아버지, 우리를 어린 양 예수님의 피로 죄에서 구원하시고 하나님의 자녀로 삼아 주셔서 감사드립니다. 성찬과 세례는 예수님의 피로 세워진 소중한 예식임을 알고 믿음 가운데 은혜로 항상 참여할 수 있도록 도와주세요.

세례가 무엇입니까?

우리가 유대인이나 헬라인이나 종이나 자유인이나 다 한 성령으로 세례를 받아 한 몸이 되었고 또 다 한 성령을 마시게 하셨느니라. 고전 12:13

    손이 더러워지면 물로 씻습니다. 물은 일상생활에서 씻는 용도로 가장 많이 사용됩니다. 아침에 일어나서 머리를 감고 얼굴을 씻습니다. 하루에도 여러 번 물로 손을 씻습니다. 청결은 물로 유지됩니다.

    성경에서도 물은 다양한 의미로 사용됩니다. 목마른 자들에게 주는 풍성함을 의미하거나 생명을 뜻하기도 합니다. 또는 새롭게 한다는 의미도 있습니다. 다양한 의미 중에서 가장 중요한 의미는 정결과 새롭게 하는 것입니다.

    물로 행하는 교회의 예식 중에서 가장 중요한 일은 세례입니다. 세례는 3가지 의미가 있습니다.

    첫째, 물로 더러움을 씻어 내는 것처럼 우리의 죄가 깨끗하게 용서받았다는 뜻입니다. 더 이상 사망의 권세 아래 있지 않다는 의미입니다. 둘째, 새로운 생명을 받아 중생되어서 영원한 삶이 시작되었다는 의미가 있습니다. 셋째, 예수님과 우리가 연합되어 하나님이 새로운 언약으로 주시는 모든 은혜에 대한 유익을 우리에게 모두 전달해 주신다는 표시이며 확증입니다. 세례를 받은 성도는 이제 예수님과 연합되어 모든 영적인 유익과 은혜를 공급받고, 예수님을 닮아 가는 성장의 기쁨을 누리게 됩니다.

94

 세례는 교회에서 한 지체와 한 몸으로 인정되는 예식입니다. 예수님과 연합된 성도들과 같이 나도 그리스도와 연합되어 한 성령 안에서 한 교회를 이루어 교제를 갖게 되었음을 표시하고 인 치는 예식입니다. 세례를 받는 사람이 있을 때 하나님의 모든 은혜의 유익을 누릴 수 있게 해달라고 함께 기도합시다.

소요리문답 94문

문 세례가 무엇입니까?
답 세례는 성부와 성자와 성령의 이름 안으로 연합시키는 물로 씻는 성례입니다. 세례는 우리가 예수님께 접붙여짐과 은혜 언약의 유익에 참여함과 주님의 것이 되기로 약속함을 표시하고 인 칩니다.

기도

하나님 아버지, 우리를 물로 씻어 거룩하게 하시고 예수님과 연합될 수 있도록 인도해 주셔서 감사합니다. 이 연합 안에서 가정과 교회가 예수님의 평안과 기쁨과 위로를 항상 얻게 도와주세요.

어떤 사람이 세례를 받나요?

또 회당장 그리스보가 온 집안과 더불어 주를 믿으며
수많은 고린도 사람도 듣고 믿어 세례를 받더라. 행 18:8

우리는 누군가를 사랑하면 표현합니다. 결혼하고 싶을 정도로 사랑하는 사람이 있으면, 내 마음을 말로 진실하게 고백하고 선물로 표현합니다. 이 고백이 진실하다면, 사랑하는 사람이 원하는 일이라면 모두 하게 됩니다.

우리가 진실로 하나님을 사랑하고 예수님의 은혜에 감사한다면 우리는 표현하게 됩니다. 이것을 '신앙고백'이라고 합니다. 신앙고백이 참으로 진실하다면 예수님의 말씀을 순종하려고 애쓰고 노력하게 됩니다. 모든 말씀을 항상 순종할 수는 없겠지만, 시간이 지날수록 말씀을 순종함으로 예수님을 닮아 갑니다.

세례는 이렇게 예수님을 향해 진실된 고백을 하는 사람에게 베풉니다. 예수님이 나를 위해 십자가에 죽으시고 3일 만에 부활하셨다는 사실을 믿고 고백하는 사람에게 물로 예식을 행합니다. 이 고백이 진실하다면 그는 평생 동안 예수님과 연합해 성령님이 깨닫게 하시고 말씀으로 알게 하시는 바에 따라 살게 됩니다. 세례를 믿음이 없는 가운데 받는 것은 자신과 하나님을 속이는 일입니다. 우리는 진실된 고백으로 세례를 받아야 합니다.

세례는 유아들에게도 베풀 수 있습니다. 유아는 자신의 입술로 신앙을 고백할 수 없습니다. 대신에 장성할 때까지 믿음 가운데

95

양육할 것이라는 부모의 다짐과 고백을 곧 아이의 고백으로 받아 신앙고백의 표시로 인정합니다. 교회는 아이가 아직 어리지만 부모와 동일한 존재로서 거룩함 가운데 부르심을 받은 것으로 믿습니다. 예수님도 어린아이가 오는 것을 금하지 않으셨으며, 천국은 이와 같은 자의 것이라고 말씀하시며 받으셨습니다.

우리가 받은 세례는 모두 진실된 고백에 근거했습니다. 세례받을 때의 진실함이 계속되고 있습니까? 세례 때 드린 믿음의 고백대로 살고 있습니까? 말씀에 순종하며 살고 있는지 돌아보고, 말씀대로 살기로 다짐해 봅시다.

소요리문답 95문

문 세례는 어떤 사람에게 베풉니까?
답 세례는 보이는 교회 밖에 있는 사람에게 베풀지 않고, 누구든지 예수님을 믿고 주님께 순종하겠다고 고백할 때에 비로소 베풀며, 보이는 교회의 회원의 유아들이 받습니다.

기도

하나님 아버지, 우리에게 신앙고백을 할 수 있는 믿음을 주셔서 하나님의 은혜 가운데 세례를 받게 하시고, 예수님과 연합되게 하심을 감사드립니다. 이 믿음 가운데 말씀대로 행할 수 있는 은혜를 더해 주세요.

성찬이 무엇입니까?

또 떡을 가져 감사 기도 하시고 떼어 그들에게 주시며 이르시되 이것은 너희를 위하여 주는 내 몸이라 너희가 이를 행하여 나를 기념하라 하시고 저녁 먹은 후에 잔도 그와 같이 하여 이르시되 이 잔은 내 피로 세우는 새 언약이니 곧 너희를 위하여 붓는 것이라. 눅 22:19-20

구약 시대 유월절은 출애굽을 기념하는 절기입니다. 이날 이스라엘 백성은 어린 양의 고기와 무교병, 쓴 나물을 포도주와 함께 먹었습니다. 이 음식을 먹고 유월절을 지키면서 고통스러웠던 애굽에서 구원해 주신 하나님께 감사했습니다.

신약 시대에는 더 이상 유월절을 지키지 않습니다. 예수님이 어린 양이 되셔서 우리를 위해 피 흘려 죽으시고 부활하셨습니다. 예수님은 이 일을 항상 기억하고 기념하기 위해서 성찬을 명하셨습니다. 성찬은 떡과 포도주를 마시면서 예수님의 구원에 감사하는 예식입니다.

떡은 예수님의 몸을 상징하고, 포도주는 예수님의 피를 상징합니다. 모든 교회는 떡과 포도주를 먹고 마시면서 예수님과 연합을 이룹니다. 떡과 포도주는 실제로 예수님의 몸과 피가 변한 것을 의미하지 않습니다. 그렇게 되면 성찬에 나온 떡과 포도주가 신성한 물질로서, 함부로 다룰 수 없는 성물처럼 되어 버립니다. 이것은 가톨릭에서 오해하는 성찬의 의미입니다.

성찬에서 떡과 포도주는 예수님의 몸과 피를 상징하면서, 믿음으로 예식에 참여할 때 성령님의 도우심으로 우리가 모든 영적인 유익을 누리며 은혜 안에서 자라 간다는 의미입니다. 하나님의 자녀들은 믿음으로 성찬에 참여하고 받을 때 영적인 모든 유익을 얻고, 구원의 은혜 가운데서 장성할 수 있습니다.

예수님은 우리를 위해서 몸을 찢으시고 피를 흘리셨습니다. 이 은혜를 영원토록 기억하고 구원의 은혜를 높여 드리고 참여하기 위해서 주님은 성찬 예식을 제정하셨습니다. 성찬 예식을 통한 은혜가 일상 가운데서도 계속되어 우리가 신앙적인 성숙을 이룰 수 있도록 기도합시다.

소요리문답 96 문

문 주님의 성찬이 무엇입니까?
답 주님의 성찬은 예수님이 정하신 대로 떡과 포도주를 주고받음으로써 그의 죽으심을 나타내 보이는 성례입니다. 주님의 성찬을 합당하게 받는 사람은 물질적이고 육신적인 태도가 아니라 믿음으로 받고, 예수님의 몸과 피에 참여하여서 주님의 모든 유익을 받고, 신령한 양식을 먹고 은혜 안에서 장성합니다.

기도
하나님 아버지, 독생자 예수님을 이 땅에 보내셔서 우리를 위한 어린 양이 되게 하심을 감사드립니다. 주님이 몸을 찢고 피를 흘리신 고난을 기억하며 그 대속의 사랑 안에서 항상 살아갈 수 있게 도와주세요.

성찬의 떡과 잔은 어떻게 받아야 합니까?

그러므로 누구든지 주의 떡이나 잔을 합당하지 않게 먹고 마시는 자는
주의 몸과 피에 대하여 죄를 짓는 것이니라. 고전 11:27

매년 삼일절이 되면 정부에서 공식적인 행사를 합니다. 이 행사에 초대받는 분들이 있습니다. 우리나라의 독립을 위해서 헌신한 분들입니다. 그들은 국민들에게 영광과 존경을 받게 됩니다.

성찬 예식은 아무나 참여할 수 없습니다. 예수님과 연합한 자로서, 분명한 신앙고백을 하고 하나님의 은혜와 사랑을 아는 사람만이 참여할 수 있습니다. 성찬 예식은 매우 영광스러운 자리입니다. 죄로 인해 심판받을 수밖에 없는 존재였지만, 하나님의 은혜로 선택받아 하나님의 자녀가 된 자들이 참여하는 자리입니다. 스스로 죄인임을 알고 회심한 자녀들이 참여할 수 있습니다. 성화의 열매가 있어 삶과 고백이 일치하는 자여야 합니다. 이런 자격이 있는 사람만이 성찬에 참여할 수 있습니다. 성찬에 참여하는 것은 교회의 지체로서 특권이면서 동시에 의무입니다.

성찬에 참여하는 사람은 먼저 자신을 살피고 마음에 회개하지 못한 악한 죄가 있는지를 점검해야 합니다. 스스로 성찬을 위해 얼마나 준비된 마음으로 왔는지도 확인해야 합니다. 만약 합당하지 않은 모습으로 나와 떡과 포도주를 먹고 마시면 자신에게 임할 심판을 먹고 마시는 것이 되기 때문입니다.

성찬 예식에 참여하기 위해서는 준비된 마음이 있어야 합니다.

미리 기도하고 자신을 살핀 후에 참여해야 합니다. 하나님 앞에 나오기 전에 스스로를 돌아보고 살피는 것은 성찬뿐만 아니라 하나님께 온전한 예배를 드리기 위해서도 필요합니다. 우리는 하나님 앞에 나오는 모든 순간, 자신을 돌아보고 합당한 모습을 갖추도록 노력해야 합니다. 이를 위해 회개와 용서함 가운데 우리의 소원을 올려 드릴 수 있도록 기도합시다.

소요리문답 97 문

문 주님의 성찬을 합당하게 받으려면 어떻게 해야 합니까?
답 주님의 성찬에 합당하게 참여하려는 사람은 주님의 몸을 분별하는 지식이 있는지, 주님을 양식으로 삼는 믿음이 있는지, 회개와 사랑과 새로운 순종이 있는지 스스로 살펴야 합니다. 그렇지 아니하면 합당하지 않게 나아옴으로 자기에게 임할 심판을 먹고 마시게 됩니다.

기도
하나님 아버지, 성찬이 있을 때 항상 우리 자신을 돌아볼 수 있게 도와주세요. 모든 예배에 나올 때도 온전하지 못한 모습은 없는지 자신을 점검해 회개하고 죄 용서의 확신 가운데 거하게 도와주세요.

기도가 무엇입니까?

그날에는 너희가 아무것도 내게 묻지 아니하리라 내가 진실로 진실로 너희에게 이르노니 너희가 무엇이든지 아버지께 구하는 것을 내 이름으로 주시리라. 요 16:23

왕자는 아버지인 왕에게 필요한 것을 요구할 수 있습니다. 아버지가 왕으로서 권력이 있기 때문에 다른 사람이 함부로 요구할 수 없는 것까지도 말할 수 있습니다. 이것은 왕의 아들로서 특권입니다.

원래 아담은 죄를 짓기 전에 하나님과 자유로운 교제를 가지며 원하는 것을 구할 수 있었습니다. 피조물 중에서 유일하게 하나님께 나갈 수 있는 특권이 있었습니다. 하지만 타락한 이후에 그 모든 특권을 잃어버렸습니다. 하나님이 아담을 위해 만드신 에덴동산에서 쫓겨났습니다. 땅이 가시와 엉겅퀴를 내어 아담은 종일토록 수고해야 먹을 수 있었고, 하와는 해산의 고통을 당하게 되었습니다. 하나님께 가까이 나아가 교제할 수도 없고 간구할 수도 없는, 심판받아 마땅한 죄인이 되었습니다.

그러나 하나님은 죄인을 불쌍히 여기셔서 여자의 후손 예수님을 약속하셨고, 이 언약을 믿는 믿음으로 하나님과의 교제가 허락되었습니다. 예수님이 이 땅에 오심으로 그분을 영접하는 자마다 하나님의 자녀가 되는 권세를 누리며 원래 가졌던 아들로서의 특권을 누릴 수 있게 되었습니다. 하나님의 자녀 된 증거로 하나님을 "아빠 아버지"라고 부르면서 교제하며 간구할 수 있게 되었습니다.

98

 기도는 예수님의 이름으로 하나님께 가까이 나아가 우리의 모습을 고백하고, 하나님의 뜻에 맞는 것을 구하며, 우리에게 영원한 생명을 허락하신 하나님께 감사하는 것입니다.

 기도는 하나님의 자녀가 누리는 특권입니다. 하나님을 모르는 사람은 창조주이시며 전능하신 하나님께 기도할 수 없습니다. 오직 아들 된 권세를 가진 자만이 기도할 수 있습니다. 이 특권을 마음껏 누리는 기도를 해봅시다.

소요리문답 98문

문 기도가 무엇입니까?
답 기도는 예수님의 이름으로 우리의 소원을 하나님께 올리는 것인데, 그분의 뜻에 맞는 것을 구하고, 우리의 죄를 고백하고, 그분의 자비하심을 깨달아서 감사하는 것입니다.

기도
하나님 아버지, 우리는 원래 죄인이었지만 아들로 삼아 주셔서 정말 감사드립니다. 아들 된 자의 특권으로 하나님께 나가 우리의 소원을 올려 드리며 하나님이 기뻐하시는 뜻을 따라 기도할 수 있게 도와주세요.

어떤 내용으로 기도해야 합니까?

사람이 귀를 돌려 율법을 듣지 아니하면 그의 기도도 가증하니라. 잠 28:9

　아버지가 큰 권력을 가진 왕이라고 하더라도, 왕자가 원하는 모든 것을 요구할 수는 없습니다. 아버지의 기분을 상하게 하거나 화나게 하는 요구를 해서는 안 됩니다. 아들은 아버지가 허락한 범위 안에서만 구할 수 있습니다.

　기도는 우리의 특권입니다. 하지만 하나님이 우리가 욕심대로 구하는 모든 것을 다 들어주시는 것은 아닙니다. 아무런 형식이나 규범 없이 구할 수는 없습니다. 하나님은 우리의 아버지로서 사랑이 많고 긍휼이 넘치는 분이시지만, 공의의 하나님이시므로 합당하고 무례하지 않은 방법과 내용으로 구해야 합니다. 그래서 예수님은 우리에게 어떻게 기도해야 할지, 그 내용과 방법을 가르쳐 주셨습니다. 그것을 '주기도문'이라고 합니다.

　예수님은 처음 주기도문을 가르치실 때 이미 어릴 때부터 기도할 것을 교육받고 하루에 세 번씩 기도하던 사람들을 대상으로 하셨습니다. 예수님 당시의 많은 유대인은 그릇된 방법으로 기도를 하고 있었기 때문입니다. 그들은 사람들이 보는 앞에서 기도하기도 했고, 내용이 없는 형식적인 모습으로 자기 신앙을 자랑하기 위한 의도로 기도하기도 했습니다. 예수님은 많은 사람이 잘못된 기도를 드리는 모습을 보고, 기도는 이렇게 하는 것이라며 기도를 가르쳐 주셨습니다.

기도는 우리가 원하는 대로, 마음의 욕망이 시키는 대로 할 수 있는 것이 아닙니다. 가지고 싶고, 누리고 싶은 모든 것을 구하는 것도 아닙니다. 사람들에게 나의 신앙을 보여 주기 위해서 멋진 말로 표현하는 것도 아닙니다. 우리는 예수님이 가르쳐 주신 대로 기도해야 합니다. 혹시 잘못된 의도로 기도한 내용이 있는지 생각해 보고 회개하며 용서를 구합시다.

소요리문답 99문

문 우리의 기도를 지도하시려고 하나님이 우리에게 주신 법칙은 무엇입니까?
답 하나님의 모든 말씀이 우리의 기도를 지도하기에 유용합니다. 다만 특별한 법칙은 예수님이 제자들에게 가르쳐 주신 기도, 곧 일반적으로 '주님이 가르치신 기도'라 부르는 것입니다.

기도
하나님 아버지, 기도할 때 우리가 혹시 신앙을 자랑하기 위해서, 혹은 우리의 욕심을 위해서 기도했다면 용서해 주세요. 빨리 답을 주시지 않음으로 하나님께 실망하고 원망했다면 용서해 주세요. 주기도문으로 바른 기도를 알게 하셔서 하나님이 기뻐하시는 간구와 소원을 올릴 수 있게 도와주세요.

주기도문의 머리말은 무엇입니까?

너희는 다시 무서워하는 종의 영을 받지 아니하고 양자의 영을 받았으므로 우리가 아빠 아버지라고 부르짖느니라. 롬 8:15

일반 종교는 고행과 수행의 과정이 있습니다. 자신의 종교적 열심과 노력으로 해탈이나 높은 수준의 영적 경지에 오를 수 있다고 생각합니다. 이것은 사람의 힘으로 구원에 이를 수 있다는 생각입니다. 그러나 성경은 사람은 자신의 힘으로 구원에 이를 수 없다고 말합니다.

주기도문에서 "하늘에 계신"이라는 말은 사람의 경건의 능력과 거룩에 이르는 힘과 성화의 모든 능력은 스스로의 힘에서 오는 것이 아니라, 오직 하늘에 계신 하나님에게서 온다는 뜻입니다.

예수님은 마태복음에서 주기도문을 가르치실 때 외식적인 기도와 유대인들의 이적을 구하는 잘못된 기도를 비판하셨습니다. 이때 제자들이 기도를 가르쳐 달라고 요청하자 예수님은 바르게 기도하는 방법을 알려 주셨습니다. 제자들은 이미 유대교에서 기도와 신앙에 관한 교육을 받았지만, 기도에 대해서 다시 배우고자 했습니다.

예수님은 가장 먼저, 구원에 이르는 모든 능력은 하나님으로부터 온다고 말씀하셨습니다. 하늘에 계신 하나님은 무서우신 존재만은 아니라고 하셨습니다. 예수님은 주기도문에서 하나님을 '아버지'로 표현하셨습니다. 당시 유대인들에게는 매우 참람한 표현이었습니다. 하나님의 이름은 매우 두렵고 입에 담기 어려운 이름이었기 때문입니다. 그러나 예수님은 하나님이 우리의 아버지이시라는 매우 파격적인 말씀을 하시며 기도할 것을 말씀하셨습니다.

예수님이 우리에게 가르쳐 주신 기도에서 머리말은 "하늘에 계신 우리 아버지여"입니다. 우리의 구원에 필요한 모든 능력과 힘은 오직 하늘에 계신 하나님에게서만 옵니다. 하나님은 우리의 아빠 아버지이십니다. 오늘 나의 모든 것을 아시는 하나님께 우리의 마음 중심의 생각과 어려움을 내어놓읍시다. 좋으신 나의 아빠 아버지는 우리를 긍휼히 여기시며 돕기를 기뻐하십니다.

소 요 리 문 답　100 문

문 주님이 가르치신 기도의 머리말이 우리에게 가르치는 것은 무엇입니까?
답 "하늘에 계신 우리 아버지여"라는 기도의 머리말은 자녀들이 아버지에게 나아가듯이 우리로 하여금 모든 거룩한 공경심과 확신을 가지고 도와줄 능력과 마음이 있는 하나님께 나아갈 것을 가르칩니다. 또한 우리가 다른 사람과 함께 기도하고 다른 사람을 위하여 기도할 것을 가르칩니다.

기 도
하나님 아버지, 나의 아버지가 되어 주셔서 감사드립니다. 두렵고 힘든 순간에도 우리와 함께하며 돕기를 기뻐하시는 하나님께 감사드립니다. 우리의 마음을 내어놓읍니다. 우리 마음의 어둠을 깨닫게 하셔서 정결함을 주시고, 새 힘과 능력을 더하셔서 은혜 가운데 거할 수 있게 도와주세요.

주기도문의 첫 번째 간구는 무엇입니까?

우리 주 하나님이여 영광과 존귀와 권능을 받으시는 것이 합당하오니 주께서 만물을 지으신지라 만물이 주의 뜻대로 있었고 또 지으심을 받았나이다 하더라. 계 4:11

역사적으로 뛰어난 업적을 남긴 위인들이 있습니다. 그분들을 부를 때는 친구처럼 이름을 부르지 않습니다. 존귀하고 가치 있는 이름이기에 호나 필명, 직책을 부릅니다.

하나님은 여러 이름을 가지고 계십니다. 하나님의 이름은 하나님이 어떤 분이신지, 어떤 놀라운 능력을 보이며 일하셨는지를 보여 줍니다. 하나님의 이름은 매우 존귀하고 두려운 이름이기 때문에 유대인들은 하나님의 이름을 쉽게 부를 수 없었습니다. '여호와'라는 이름도 히브리어 자음에, '나의 주'라는 뜻의 모음을 붙여서 부른 것입니다. 유대인들은 하나님의 이름 앞에 경외함을 가지고 섰습니다.

예수님이 우리에게 가르쳐 주신 기도에서 첫 번째는 하나님의 이름이 거룩히 여김을 받게 해달라는 기도입니다. 그러면 '거룩히 여김을 받는다'라는 말은 무슨 의미일까요? '거룩히'는 구별된다는 뜻입니다. '여김을 받는다'는 말은 드러나게 해달라는 것입니다.

하나님은 원래 거룩하고 존귀하신 분입니다. 우리의 의사와 관계없이 거룩하십니다. 이 기도는 우리가 거룩하고 전능하신 하나님의 존재를 인정할 수 있게 해달라는 기도입니다. 인정하는 것은 예배하고 찬양하는 것으로 하나님께 영광 돌리는 것을 의미합니다.

101

　우리는 죄의 성향을 가지고 있기 때문에 항상 하나님께 영광을 돌리고 하나님을 찬양하기보다, 우리 자신을 높이려고 할 때가 많습니다. 하나님의 이름보다 교회에서 나의 신앙적인 공로가 드러나기를 원할 때가 있습니다. 그러나 우리의 모습은 감추어지고 하나님은 높이 드러나셔야 합니다. 이것이 하나님의 이름이 거룩히 여김을 받으시는 것입니다.

　우리는 얼마나 하나님의 이름을 거룩히 여기고 있습니까? 얼마나 그 이름의 능력과 권세를 인정하고 영광을 돌리고 있습니까? 모든 신앙적 열매와 신앙적 응답에서 나를 높이기보다 하나님만을 높이기 바랍니다. 기쁜 일, 슬픈 일을 포함해 모든 일에 하나님을 높이고 영광을 돌립시다.

소요리문답 101문

문 첫째 간구로 우리는 무엇을 구합니까?
답 "이름이 거룩히 여김을 받으시옵소서"라는 첫째 간구로 우리는 하나님이 자기를 알리시는 모든 일에서 우리와 다른 사람으로 하여금 하나님을 영화롭게 하도록 하시고, 하나님이 모든 것을 자기의 영광만을 위하여 친히 처리하여 주시기를 구합니다.

기도

하나님 아버지, 아버지의 이름이 항상 높임을 받기 원합니다. 우리의 모습이 높임 받기 원했다면 용서해 주세요. 오직 모든 일에 하나님을 높이고 하나님만 경배할 수 있도록 도와주세요.

주기도문의 두 번째 간구는 무엇입니까?

평강의 하나님께서 속히 사탄을 너희 발아래에서 상하게 하시리라
우리 주 예수의 은혜가 너희에게 있을지어다. 롬 16:20

나라를 구성하는 4가지 요소가 있습니다. 지도자, 국민, 땅, 법입니다. 성경 시대에는 그중에서 지도자가 가장 중요한 요소였습니다. 누가 왕이냐에 따라서 나라의 운명이 결정되었습니다. 강한 왕은 든든한 나라를 만들었습니다.

주기도문에서 "나라가 임하옵소서"라는 기도는 왕의 통치가 임하게 해달라는 기도입니다. 예수님이 "회개하라 천국이 가까이 왔다"고 하신 말씀은 이제 예수님을 통한 통치가 시작되었다는 뜻입니다. 예수님을 영접하고 주인으로 모신 사람은 예수님이 왕으로서 은혜와 진리로 통치하십니다.

지금도 세상은 공중 권세 잡은 자가 우리를 미혹합니다. 하나님의 자녀를 빼앗으려고 거짓말로 유혹을 합니다. 그러나 믿는 자를 향한 사탄의 노력은 결국 실패할 수밖에 없습니다. 사탄은 하나님의 자녀를 빼앗을 수 없습니다. 그렇다고 우리가 아무 일도 하지 않아도 된다는 의미는 아닙니다. 우리는 아직 연약하기 때문에 항상 기도와 말씀에 힘써야 합니다. 그래서 예수님은 우리에게 기도를 가르치시면서 "나라가 임하옵소서"라고 기도하라고 명하셨습니다.

하나님의 통치의 범위는 우리 개인뿐만 아니라 가정과 나라와

피조물 전체까지 포함합니다. 이 기도는 결국 사탄의 모든 세력이 심판을 받고, 하나님의 은혜와 공의가 통치해 하나님이 영광 받으시기를 간구하는 기도입니다.

지금 우리는 누구의 통치를 받고 있습니까? 욕심의 지배를 받고 있습니까, 아니면 말씀의 지배를 받고 있습니까? 내가 먼저 오직 하나님의 통치를 온전히 받을 수 있도록 기도합시다.

소 요 리 문 답 102 문

문 둘째 간구로 우리는 무엇을 구합니까?
답 "나라가 임하옵소서"라는 둘째 간구로 우리는 사탄의 나라가 멸망하고, 은혜의 나라가 흥왕하여서 우리와 다른 사람들이 거기 들어가 지켜 주심을 받고, 영광의 나라가 속히 오게 하여 주시기를 구합니다.

기도

하나님 아버지, 우리에게 하나님의 나라가 임하기를 원합니다. 말씀으로 통치하시는 하나님의 능력이 우리의 심령과 가정과 교회와 사회에 온전하게 임하기를 원합니다. 혹시 나의 욕망의 지배를 받고 있었다면 용서해 주시고, 오직 말씀의 통치를 받게 도와주세요.

주기도문의 세 번째 간구는 무엇입니까?

조금 나아가사 얼굴을 땅에 대시고 엎드려 기도하여 이르시되 내 아버지여 만일 할 만하시거든 이 잔을 내게서 지나가게 하옵소서 그러나 나의 원대로 마시옵고 아버지의 원대로 하옵소서 하시고. 마 26:39

왕은 나라를 어떻게 이끌어 갈지 계획과 방법을 가지고 있습니다. 왕의 뜻에 따라서 정책을 펼치고 법을 시행합니다. 좋은 왕은 백성이 잘 살 수 있는 좋은 제도를 만들어서 자신의 선한 뜻을 보여 줍니다.

주기도문에서 두 번째 간구는 하나님의 나라가 임하기를 원하는 기도이고, 세 번째 간구는 나라를 어떻게 통치하느냐의 문제입니다. 하나님은 사랑과 공의로 우리를 통치하십니다. 이 통치는 말씀으로 우리에게 이미 계시되었습니다. 말씀으로 하나님 나라의 뜻과 계획이 이루어지게 해달라는 기도입니다. 하나님의 뜻은 하나님의 계획과 하나님의 작정과 하나님의 모든 명령입니다.

이러한 하나님의 뜻은 하늘에서 이루어졌습니다. 하나님의 가장 중요한 계획은 구원 계획입니다. 구원 계획은 이미 하나님이 모든 것을 작정하셨기 때문에 하늘에서 이루어졌습니다. 구원을 위한 하나님의 계획은 이미 실행되었고, 하나님의 뜻대로 삼위 하나님이 이루셨습니다. 그리고 하나님의 뜻대로 예수님을 통해서 이 땅에서 시작되었습니다. 구원 계획은 하나님의 시간 안에서 결국 완전히 이루어질 것입니다.

예수님은 이것을 주기도문에서 "땅에서도 이루어지이다"라고

103

말씀하셨습니다. 이것은 예상이나 예견이 아니라, 이 땅에서 반드시 그렇게 되고야 말 것이라는 확증입니다.

하나님의 뜻은 실패가 없습니다. 하나님이 세우신 구원에 대한 계획은 반드시 이루어지고야 맙니다. 우리는 넘어지고 실패하더라도, 하나님은 실패가 없으십니다. 단지 우리가 말씀 안에서 믿음으로 서 있지 못할 뿐입니다. 혹시 하나님의 약속의 말씀들에 대해서 의심했다면 용서를 구하고, 우리 안에 온전한 확신과 믿음을 달라고 기도합시다.

소요리문답 103문

문 셋째 간구로 우리는 무엇을 구합니까?
답 "뜻이 하늘에서 이루어진 것같이 땅에서도 이루어지이다"라는 셋째 간구로 우리는 하나님이 은혜를 베풀어 주셔서 우리로 하여금 기꺼운 마음으로, 하늘에서 천사들이 하듯이, 모든 일에서 주님의 뜻을 알고 순종하고 굴복하게 해주시기를 구합니다.

기도

하나님 아버지, 우리를 향한 구원의 계획을 세워 주시고 완성해 나가실 것을 인해 감사합니다. 우리의 인간적인 뜻이 아니라 하나님의 뜻대로 우리 삶을 인도해 가실 것을 믿습니다. 나의 뜻과 다르더라도 온전히 하나님의 뜻대로 순종할 수 있게 도와주세요.

주기도문의 네 번째 간구는 무엇입니까?

야곱이 서원하여 이르되 하나님이 나와 함께 계셔서 내가 가는 이 길에서
나를 지키시고 먹을 떡과 입을 옷을 주시어. 창 28:20

    하나님은 광야 생활을 하는 이스라엘 백성을 만나로 먹여 주셨습니다. 만나는 한 번에 1년 분량으로 내리지 않았습니다. 하나님은 매일매일 하루 먹을 만큼만 주셨습니다.

    주기도문은 우리의 육신적인 필요를 구하라고 말합니다. 주기도문의 네 번째 간구는 우리를 위한 기도입니다. 첫 번째부터 세 번째 간구가 하나님 나라에 관한 기도였다면, 네 번째부터 여섯 번째 간구는 우리에 관한 기도입니다.

    예수님은 우리에게 기도를 가르쳐 주시되, 우리 육신의 필요에 대해서도 기도하라고 말씀하셨습니다. 기도는 금욕을 위한 도구가 아닙니다. 예수님은 우리의 필요를 외면하시지 않습니다. 단지 일용할 양식을 구하라고 말씀하십니다. 이것은 두 가지 의미가 있습니다.

    첫째로, 필요한 만큼입니다. 우리는 흔히 한 번에 많이 주면 좋겠다고 생각합니다. 실제로 기도할 때 노력하지 않고 큰 성공을 얻기 위해 기도합니다. 이것은 주기도문과 다른 기도입니다. 예수님은 탐심에 근거한 기도를 가르쳐 주시지 않았습니다. 욕심대로 구하는 기도는 죄인된 본성에서 나오는 기대일 뿐 기도가 아닙니다. 하나님이 기도를 들어 주실 이유가 없습니다. 구해서도 안 됩

니다. 단지 나에게 필요한 만큼만 구해야 합니다. 이것을 가능하게 하는 것은 나의 능력이 아니라 하나님이십니다.

그래서 둘째로, 하나님이 우리 육신의 필요를 채우십니다. 우리의 힘으로 양식을 얻는 것이 아닙니다. 하나님의 힘으로 양식을 얻습니다. 내 힘으로 월급을 받는 것처럼 보이지만, 사실은 하나님의 힘으로 얻은 것입니다.

예수님은 육신의 것을 구하되, 필요한 만큼만 구할 것을 말씀하셨습니다. 이렇게 해도 불안하지 않을 이유는 하나님이 우리를 먹이시기 때문입니다. 혹시 경제적인 문제로 걱정했다면 주기도문으로 하나님에 대한 믿음과 확신을 새롭게 합시다.

소요리문답 104문

문 넷째 간구로 우리는 무엇을 구합니까?
답 "오늘 우리에게 일용할 양식을 주옵소서"라는 넷째 간구로 우리는 이생의 좋은 것들 가운데서 충분한 분깃을 하나님의 값없이 주시는 선물로 받고, 그와 아울러 하나님의 복 주심을 누릴 것을 구합니다.

기도
하나님 아버지, 일용할 양식을 위한 기도를 할 수 있도록 허락해 주셔서 감사합니다. 일용할 양식을 주시되, 필요한 만큼 주실 때 감사로 받게 도와주세요. 내일 일이 걱정되더라도, 하나님이 먹이시고 입히심을 믿고 의지하며 자족할 수 있게 인도해 주세요.

주기도문의 다섯 번째 간구는 무엇입니까?

서로 친절하게 하며 불쌍히 여기며 서로 용서하기를
하나님이 그리스도 안에서 너희를 용서하심과 같이 하라. 엡 4:32

    죄에는 두 종류가 있습니다. 원죄와 실제적인 죄입니다. 원죄는 태어날 때부터 가지고 있는 죄로서, 하나님은 원죄 때문에 사람에게 사형선고를 내리셨습니다. 하나님은 공의로우신 분으로서, 죄에 대해 심판하십니다. 실제적인 죄는 실제로 모든 사람에게 있는 죄의 성향을 말합니다. 시기와 탐심과 원한을 가지기도 하고, 행동과 말로도 죄를 짓습니다. 이런 죄의 성향은 하나님 앞에 갈 때까지 모든 그리스도인에게 존재합니다. 그러면 이 두 가지는 어떻게 해결되었을까요?

    원죄는 칭의로, 실제적인 죄는 성화로 해결되었습니다. 원죄에 대해서 하나님은 예수님을 믿는 믿음 때문에 의롭다고 해주셨습니다. 사망 선고가 취소되고 무죄함이 선언되었습니다. 영원한 생명을 주셨습니다. 이것을 우리의 모든 죄가 용서받았다고 표현합니다.

    그러면 실제적인 죄는 어떻게 되었을까요? 모든 죄가 용서받았지만, 우리는 매일매일 나쁜 생각과 악한 말을 합니다. 마음속에 드러나지 않은 죄는 더 많습니다. 이를 위해 성령님이 오셔서 우리의 죄를 깨닫게 하시고 회개할 수 있도록 인도해 주십니다. 이 과정은 평생 이루어지며, '성화'라고 합니다.

105

    예수님이 주기도문에서 "죄를 용서해 주옵소서"라고 말씀하신 것은 우리가 매일매일 짓는 죄에 대해서 고백할 것을 말씀하신 것입니다. 다섯 번째 간구는 네 번째와 연결됩니다. 일용할 양식을 매일매일 구하듯이, 매일매일 하나님과의 관계 회복을 위해서 간구해야 합니다.

    죄는 하나님과 우리 사이를 가로막는 장애물입니다. 이 관계의 회복이 일어났다는 증거 중에 하나가 형제자매를 향한 용서와 관계 회복입니다. 그래서 주기도문은 "우리가 우리에게 죄지은 자를 사하여 준 것같이"라고 말합니다. 다섯 번째 간구를 보면서 떠오르는 나의 죄는 무엇인가요?

소요리문답 105문

문 다섯째 간구로 우리는 무엇을 구합니까?

답 "우리가 우리에게 죄지은 자를 사하여 준 것같이 우리 죄를 사하여 주옵소서"라는 다섯째 간구로 우리는 하나님이 예수님을 보시고 우리의 모든 죄를 값없이 용서해 주시기를 구합니다. 주님의 은혜로 말미암아 우리가 다른 사람들을 진심으로 용서할 수 있기 때문에 더욱 담대히 그렇게 구할 수 있습니다.

기도

하나님 아버지, 일용할 양식만으로 만족하지 않게 하시고, 하나님과의 관계를 더욱 소망할 수 있도록 도와주세요. 하나님의 용서가 우리의 가정과 교회와 사회에도 일어날 수 있도록 도와주세요.

주기도문의 여섯 번째 간구는 무엇입니까?

시험에 들지 않게 깨어 기도하라 마음에는 원이로되 육신이 약하도다 하시고. 마 26:41

결혼은 사랑의 시작입니다. 사랑하는 사람과 결혼하면 더 이상 노력이 필요 없다고 생각할 수 있습니다. 그렇지 않습니다. 오히려 더 많은 노력이 필요합니다. 더 이해하고, 더 공감하고, 더 서로 도와야 하고, 더 기도해야 합니다. 그래야 건강한 결혼 생활이 지속될 수 있습니다.

하나님과 우리의 관계도 그렇습니다. 한 번 하나님을 알고 구원을 확신했다고 더 이상 기도하지 않아도 된다거나 말씀을 보지 않아도 되는 것이 아닙니다. 오히려 이전보다 더 열심을 내어 하나님을 알고자 힘쓰고, 하나님께 기도하고, 말씀 가운데 있어야 합니다. 그 이유가 무엇일까요?

우리는 연약해서 아직 죄의 성향을 가지고 있기 때문입니다. 아직도 공중 권세 잡은 사탄이 우리를 미혹하고 있기 때문입니다. 연약함을 인정하지 않을 때 쉽게 시험에 빠지고, 힘든 신앙생활을 할 수 있습니다.

그래서 예수님은 우리에게 "우리를 시험에 들게 하지 마시옵고 다만 악에서 구하시옵소서"라고 기도하라고 가르치셨습니다. 이 말은 하나님의 구원이 불완전하다는 뜻이 아닙니다. 우리가 노력해서 구원을 완성해야 한다는 의미가 아닙니다. 이미 구원은 확증

106

되었습니다. 구원이 확증된 사람은 이전의 삶의 방식이 아닌 새로운 삶의 방식으로 살아가야 합니다. 우리의 삶은 이 땅에서뿐만이 아니라 하나님 앞에서 계속되기 때문입니다. 이 땅에서 경건의 훈련은 내세에도 유익합니다. 경건의 훈련과 하나님과의 지속적인 관계를 통한 성화를 위해서 끊임없이 신앙적 열심을 낼 것을 말씀하신 것입니다.

우리는 마음에 죄를 짓는 경우가 많습니다. 드러나지 않지만, 그냥 놓아 두면 시험에 빠질 수도 있습니다. 우리는 매일매일 하나님 앞에 나와 기도와 말씀에 힘을 써야 합니다. 기도와 말씀에 대해 구체적인 계획을 세워 봅시다.

소 요 리 문 답 106 문

문 여섯째 간구로 우리는 무엇을 구합니까?
답 "우리를 시험에 들게 하지 마시옵고 다만 악에서 구하시옵소서"라는 여섯째 간구로 우리는 하나님이 우리를 지켜 주셔서 우리가 죄에 이르는 시험을 당하지 않게 하시고, 시험을 당할 때에는 우리를 붙드시고 구원해 주시기를 구합니다.

기도
하나님 아버지, 우리는 연약합니다. 사탄은 이 연약함을 이용해 시험에 빠지도록 우리를 유혹합니다. 시험에 빠지지 않도록 도와주세요. 항상 기도와 말씀 가운데 거할 수 있도록 인도해 주세요.

주기도문의 맺음말은 무엇입니까?

영원하신 왕 곧 썩지 아니하고 보이지 아니하고 홀로 하나이신 하나님께 존귀와 영광이 영원무궁하도록 있을지어다 아멘. 딤전 1:17

어떤 사람이 도움을 요청할 때가 있습니다. 내가 할 수 있는 능력 안에서 상대를 도울 수 있습니다. 나의 능력으로 모든 일을 할 수 있는 것은 아닙니다. 할 수 없을 때가 많습니다.

하나님은 어떠하실까요? 하나님은 못하시는 일이 있을까요? 물론 있습니다. 하나님의 속성과 반대되는 일은 하실 수 없습니다. 공의로우신 하나님은 거짓말을 하실 수 없습니다. 사랑이 많으신 하나님은 이유 없이 증오하실 수 없습니다. 하나님의 속성과 반대되는 일 말고는 모든 일을 하실 수 있습니다.

하나님께 나라와 권세와 영광이 있다는 것은 하나님의 통치가 미치지 않는 영역은 없고, 그 통치는 하나님이 창조하신 권세로 하시는 통치이므로 모든 통치의 결과는 하나님께 영광이 될 수밖에 없다는 뜻입니다. 기한이 없습니다. 시작과 끝이 없습니다. 시작한 시점이 없기 때문에 영원이라고 말하는 것입니다.

끝으로 "아멘"이라는 말은 반드시 그렇게 될 것을 받아들인다는 뜻입니다. 내가 동의하지 않아도, 의심이 된다 하더라도, 나의 의사와 관계없이 하나님은 반드시 그렇게 하신다는 의미입니다. 우리는 이것을 믿음으로 받아들일 뿐입니다.

예수님이 우리에게 주기도문으로 기도를 가르치시고 나서 마지막으로 가르쳐 주신 말씀은 창조한 권능으로 이 모든 일을 반드시 하신다는 의미입니다. 그러므로 기도하고 의심하지 말고 확신 가운데 거하라고 하신 것입니다. 우리가 예수님이 가르쳐 주신 기도대로 기도할 때 하나님이 반드시 이루시며, 반드시 말씀하신 대로 이루어 가신다는 사실을 믿어야 할 것입니다.

소요리문답 107문

문 주님이 가르치신 기도의 맺음말은 우리에게 무엇을 가르칩니까?
답 "나라와 권세와 영광이 아버지께 영원히 있사옵나이다. 아멘"이라는 주님이 가르치신 기도의 맺음말은 우리로 하여금 기도할 용기를 오직 하나님께로부터 얻고, 나라와 권세와 영광을 하나님께 돌림으로써 기도할 때에 하나님을 찬송할 것을 가르칩니다. 우리의 기도를 들어 주시리라는 소원과 확신의 표시로 우리는 "아멘"이라고 합니다.

기도
하나님 아버지, 기도를 가르쳐 주셔서 감사드립니다. 가르쳐 주신 대로 기도할 수 있도록 도와주시고, 기도한 내용에 대해 의심하지 않도록 인도해 주세요. 기도한 대로 믿고 확신할 수 있도록 도와주세요.

사명선언문

너희가 흠이 없고 순전하여……세상에서 그들 가운데 빛들로
나타내며 생명의 말씀을 밝혀 _ 빌 2:15-16

1. 생명을 담겠습니다
만드는 책에 주님 주신 생명을 담겠습니다.
그 책으로 복음을 선포하겠습니다.

2. 말씀을 밝히겠습니다
생명의 근본은 말씀입니다.
말씀을 밝혀 성도와 교회의 성장을 돕겠습니다.

3. 빛이 되겠습니다
시대와 영혼의 어두움을 밝혀 주님 앞으로 이끄는
빛이 되는 책을 만들겠습니다.

4. 순전히 행하겠습니다
책을 만들고 전하는 일과 경영하는 일에 부끄러움이 없는
정직함으로 행하겠습니다.

5. 끝까지 전파하겠습니다
모든 사람에게, 땅 끝까지, 주님 오시는 그날까지
복음을 전하는 사명을 다하겠습니다.

서점 안내

광화문점	서울시 종로구 새문안로 69 구세군회관 1층 02)737-2288 / 02)737-4623(F)
강남점	서울시 서초구 신반포로 177 반포쇼핑타운 3동 2층 02)595-1211 / 02)595-3549(F)
구로점	서울시 동작구 시흥대로 602, 3층 302호 02)858-8744 / 02)838-0653(F)
노원점	서울시 노원구 동일로 1366 삼봉빌딩 지하 1층 02)938-7979 / 02)3391-6169(F)
일산점	경기도 고양시 일산서구 중앙로 1391 레이크타운 지하 1층 031)916-8787 / 031)916-8788(F)
의정부점	경기도 의정부시 청사로47번길 12 성산타워 3층 031)845-0600 / 031)852-6930(F)
인터넷서점	www.lifebook.co.kr